Sección Obras de Historia

CONQUISTADORES, PIRATAS, MERCADERES

Traducción de
RICARDO GONZÁLEZ

CARLO M. CIPOLLA

Conquistadores, piratas, mercaderes

La saga de la plata española

Fondo de Cultura Económica

México - Argentina - Brasil - Chile - Colombia - España
Estados Unidos de América - Perú - Venezuela

Primera edición en italiano, 1996
Primera edición en español, 1999

Título original: *Conquistadores, pirati, mercatanti*
© Il Mulino, Boloña. Intermediación de Agencia Eulama
ISBN de la edición original: 88-15-05659-9

© 1998, FONDO DE CULTURA ECONÓMICA DE ARGENTINA, S. A.
El Salvador 5665; 1414 Buenos Aires
Av. Picacho Ajusco 227; Delegación Tlalpan; 14200 México D. F.

ISBN: 950-557-292-1

IMPRESO EN LA ARGENTINA - *Printed in Argentina*
Hecho el depósito que previene la ley 11.723

PRÓLOGO

En el curso del siglo XVI las colonias volcaron sobre España más de 16.000 toneladas de plata. En el siglo siguiente, otras 26.000 toneladas y, en el siglo XVIII, más de 39.000 toneladas. El efecto de esta marea de plata que invadió primero España y luego un país tras otro fue extraordinario. La excepcional liquidez así creada en el mercado internacional favoreció un desarrollo imponente del comercio intercontinental. En las páginas que siguen se narra la historia de este acontecimiento y de las vicisitudes de la moneda que fue el centro de esta singular aventura.

En la preparación de este trabajo tuve la ayuda de numerosos colegas y amigos, entre ellos K. N. Chaudhuri, Giuseppe Felloni, Giorgio Giacosa, M. Jiano, el *graduate student* Martin Petri, del Departamento de Economía de la Universidad de Berkeley, California, y, sobre todo, el profesor Giulio Giannelli, de Génova, que ha releído críticamente el manuscrito y sugerido importantes modificaciones. Mi prima, Carlamaria Cipolla, me ayudó en la preparación del manuscrito. El profesor F. Aguzzi me brindó asistencia en el uso de la computadora y la Facultad de Economía de la Universidad de Berkeley contribuyó al financiamiento de las investigaciones.

A todos expreso mi más profunda gratitud.

CARLO M. CIPOLLA

I

En los inicios de la aventura colonial española en el Nuevo Mundo, el oro del que se apoderaron los conquistadores fue exclusivamente producto de robos, botines y saqueos. El inconveniente de toda actividad parasitaria es que no puede durar por siempre. Tarde o temprano, según la consistencia de los tesoros acumulados por las víctimas y la eficiencia de los depredadores, aquéllas son despojadas de todos sus bienes y para los ladrones ya no queda nada que hacer. Este destino fatal les habría ocurrido también a los españoles si, por un golpe de extraordinaria fortuna, no se hubiesen descubierto en los territorios por ellos conquistados excepcionales yacimientos auríferos y, especialmente, argentíferos. Con toda aquella plata al alcance de la mano, fue natural que los españoles se arrojaran, con toda su pasión y entusiasmo por el oro y la plata, a la actividad minera. Se inició así la saga de la plata española, de tesoros obtenidos gracias a una intensa actividad minera que luego fueron transportados a la patria desafiando enemigos, corsarios y la furia de los elementos.

En los treinta años que transcurrieron entre 1536 y 1566, España se benefició con una excepcional serie de grandes golpes de suerte. Sucede a menudo en la vida de los hombres, y también en la historia de las sociedades humanas, que tras un golpe de suerte sigue inexplicablemente toda una serie de otros golpes de suerte, así como, por el contrario, ocurre muy a menudo que una desventura es seguida por otra serie de desventuras, como si un infeliz, afligido por tales series negras, hubiese sido elegido por algún oscuro y nefasto poder sobrenatural por motivos destinados a permanecer ocultos a los ojos de los hombres. Que esto suceda con bastante frecuencia sigue siendo un gran misterio de las vicisitudes humanas; ¿existencia de lógicas sobrenaturales que los hombres, con sus sentidos limitados, no llegan a comprender, o bien juegos y divertimentos de alguna divinidad sádica y burlona? No lo sabemos, pero es difícil negar la cuestión. Por ejemplo, entre el año 1536 y 1566 se registró en las colonias españolas una extraordinaria secuencia de hechos sorprendentes que transformaron a España, otrora un país de segundo y hasta de tercer orden, en el país más rico y poderoso del mundo. ¿Qué diablos ocurrió?

Entre 1519 y 1533 el imperio colonial español creció desmesuradamente y alcanzó dimensiones superiores a las de cualquier otro imperio en la historia del hombre gracias a dos extraordinarias empresas: la conquista de México por obra de Hernán Cortés y la destrucción del imperio inca por obra de Francisco Pizarro.

Tras desembarcar en Veracruz en 1519, Hernán Cortés invadía por oriente el territorio del imperio azteca al frente de un contingente sumamente exiguo (600 hombres y 16 caballos) y de 6.000 aliados indígenas, de distintas tribus. En su marcha hacia la capital azteca encontró una tenaz resistencia y, cuando alcanzó la capital, estuvo a punto de sufrir la derrota total. Consiguió salvarse, pero perdiendo dos tercios de sus hombres, así como todas sus armas de fuego. Si embargo, aun en aquel episodio, que pasó a la historia con el nombre de *Noche Triste* debido a que los españoles emprendieron la retirada durante la noche con el favor de las tinieblas, aun en aquel episodio, digo, resplandecieron las dotes de mando de Hernán Cortés. Se recuperó y en el lapso de un año reorganizó sus fuerzas, favorecido también por la espantosa mortalidad propagada entre los aztecas por obra de las enfermedades contraídas en el contacto con los españoles, las que, pues no existían antes en América, encontraron en los indígenas una población inmunológicamente indefensa. Como sea, reorganizadas las fuerzas, Cortés parte al ataque de la capital enemiga, la estupenda ciudad de Tenochtitlán, situada en una isla del lago Texcoco. Los aztecas opusieron una resistencia desesperada, pero Cortés la venció: la ciudad fue tomada, bárbaramente saqueada y destruida hasta sus cimientos. Era el 13 de agosto de 1521; la potencia azteca estaba aniquilada y sobre sus ruinas se edificaba, en 1535, el Virreinato "de la Nueva España" (México y territorios circundantes), bajo la soberanía del rey de España.

La otra empresa extraordinaria fue obra de Francisco Pizarro. Desembarcado en Tumbes en 1531 con la exigua fuerza de 180 soldados y 37 caballos, Pizarro invadía el territorio de los incas. También él, como Cortés, vivió momentos dramáticos, como cuando, en noviembre de 1532, debió enfrentar con su mísero contingente, en la plaza de Cajamarca, a una fuerza de varios millares de incas guiados por su jefe Atahualpa. Sin embargo, contra todo razonamiento lógico y a despecho de la extraordinaria diferencia de fuerzas, Pizarro sale victorioso y, en el curso de sólo dos años, destruye el imperio inca. Sobre las ruinas de este imperio se constituía en 1535 el Virreinato del Perú bajo la soberanía directa del rey de España. Es de notar que este virreinato, que había heredado los territorios del imperio inca, comprendía no sólo las regiones del actual Perú sino también la que hoy constituyen Bolivia, Chile, Venezuela, Paraguay, Colombia, Ecuador y los territorios limítrofes.

El coraje, el ardor, la temeridad y el espíritu de sacrificio de los conquistadores fueron de la mano con la brutalidad y el trato inhumano para con las poblaciones indígenas. Consta claramente, por explícitas anotaciones en el libro de abordo, que cuando Cristóbal Colón cumplía su fatídico viaje de descubrimiento, su sueño, la motivación última de su empresa, era el encuentro y, eventualmente, la conquista de tierras ricas en oro. La palabra "oro" regresa de continuo con obsesiva insistencia en las anotaciones del almirante genovés. En los decenios sucesivos, los conquistadores españoles demostraron estar dominados y motivados por la misma pasión obsesiva. Nada parecía interesarles fuera del oro, y para apropiarse de él se mostraron capaces de cualquier sacrificio, así como de cualquier infamia. Para conseguir información acerca de la existencia de tesoros no dudaron en torturar y asesinar a decenas de miles de indígenas. Cortés somete a inenarrables torturas al jefe Cuauhtémoc para sacarle el secreto del lugar donde estaba guardado el tesoro de los aztecas. Pero Cuauhtémoc no habló. Aquello que no consiguió con Cuauhtémoc Cortés lo logró con Moctezuma. Puestas las manos sobre el tesoro se emplearon tres días enteros para hacer el inventario, luego de lo cual Cortés hizo fundir la mayor parte de los objetos que constituían el botín. Así, tesoros de arte resultaron estúpidamente perdidos; pero a los conquistadores, como ya se ha dicho, no les interesaba el arte ni ninguna otra cosa: les interesaba el oro, sólo el oro. Cuando Pizarro ocupó Cuzco robó del templo 700 planchas de oro. Hizo fundir en Bogotá sus puertas, que estaban hechas de oro finamente labrado, y así, con gran violencia, tomó posesión del metal recogido.

Ya se dijo que el robo, como actividad parasitaria, lleva en sí los gérmenes de su propio fin, el cual, por fuerza, cuanto más eficiente sea esa actividad más pronto llegará. Los españoles se mostraron particularmente eficientes en despojar y depredar a los indios y, por consiguiente, les llegó pronto el tiempo en que, para continuar procurándose oro y plata para enviar a la patria o para su propio consumo, debieron adaptarse a un tipo de actividad totalmente diferente de la practicada hasta entonces; en otras palabras, debieron transformarse, quisiéranlo o no, de bandidos en mineros.

La aventura minera española en las Indias comenzó tímidamente en los años 1530-1540, cuando se dio inicio a la explotación de algunos miserables yacimientos de plata sobre la costa pacífica del noroeste. Todo dejaba poca esperanza cuando, imprevistamente, en otra zona adviene el primer hecho milagroso.

En la América meridional (véase la figura 1), aproximadamente a 5.000 kilómetros al sur de la zona donde los españoles habían iniciado su exploración minera, en 1545, en una localidad sumamente miserable y desolada, abandonada por Dios y por los hombres, se llevaban a pastorear unas llamas.

El lugar se llama Potosí y se encuentra al sudeste de la ciudad costera de Arica (véase la figura 2). En aquel tiempo formaba parte del Virreinato del Perú, mientras que hoy es parte de la República de Bolivia. Sobre la cima de esta altísima montaña se erguía, como extraña excrecencia, un cerro de casi 400 metros de altura en el cual se descubrieron, en 1545, vetas de plata de extraordinaria riqueza. Al año siguiente del descubrimiento –en 1546– los capitanes Villarroel y Diego Centeno, y el maestro de campo Pedro Contamito, a unos 760 metros por debajo del riquísimo cerro, fundaban la ciudad de Potosí. En el breve período que media entre abril de 1545 y el año 1562 se descubrieron en la misma zona al menos siete riquísimas nuevas vetas de plata.

La fama de la riqueza de los yacimientos fue tal que una verdadera irrupción de hombres, animales y maquinarias invadió Potosí y su zona aledaña; tanto que en 1573, a menos de treinta años de su fundación, la ciudad contaba con más de 150.000 habitantes y llegó a superar los 160.000 en 1610.

El descubrimiento de los yacimientos de Potosí fue un gran golpe de fortuna para España. Los efectos de aquel sensacional descubrimiento se hicieron sentir ya en 1549, cuando la producción de plata se multiplicó cerca de diez veces respecto de la del año precedente. Pero todo esto no era más que el inicio de otra serie de extraordinarios acontecimientos. El 8 de septiembre de 1546, a menos de un año del descubrimiento de Potosí, un pequeño destacamento de españoles y de auxiliares indios comandado por Juan de Tolosa descubría el sitio de Zacatecas, a unos 220 kilómetros al norte de Ciudad de México, donde, en el año 1548, se verificaba la presencia de riquísimas vetas argentíferas (véase la figura 2).

Si el descubrimiento del yacimiento de Potosí había sido puramente casual, el descubrimiento de Zacatecas fue el resultado de una prolongada actividad de exploración y de búsqueda que, en el curso de los decenios siguientes, llevó al descubrimiento de otros ricos yacimientos de plata. La producción de mineral en la zona fue tan importante que se impuso la construcción de una ruta principal que uniese Zacatecas con Ciudad de México, ruta que tomó el nombre de "Camino Real de la Tierra Adentro".

Zacatecas y Potosí fueron las dos fuentes principales del poderío y de la riqueza de España en los años 1500 y 1600. Pero la increíble serie de golpes de suerte con los que se benefició la España de aquellos años no había concluido. Ya en la década de 1530, poco menos de una veintena de mineros alemanes fueron transferidos al Virreinato de la Nueva España por obra de su pericia en el uso de los molinos para la fragmentación del mineral y la subsiguiente extracción del metal mediante la fusión. Sin embargo, a mediados de siglo, el alto y creciente costo del combustible y el consecuente deterioro de la calidad del mineral disponible volvieron las operaciones cada vez menos beneficiosas. Pero la buena fortuna que asistía a España era literalmente increíble, y la solución del problema llegó en cortísimo tiempo. Hacia la mitad del siglo, cuando la rentabilidad de las operaciones mineras dirigidas con la ayuda de los alemanes estaba bajando, más precisamente en 1540, se publicaba en Venecia el tratado de Vannoccio Biringuccio titulado *La Pirotechnia*, en el que el técnico italiano describía con abundante riqueza de detalles un nuevo y mucho más eficaz proceso para extraer el metal del mineral mediante el uso del mercurio.

Bartolomé de Medina era un intrépido mercader de Sevilla. No sabemos si alguna vez leyó el tratado de Biringuccio. Pero por cierto sabemos que, por una u otra vía, llegó al conocimiento del nuevo método para extraer la plata del mineral mediante el uso de mercurio y sal. Entre 1554 y 1556 el mercader sevillano introduce este sistema en las minas de Zacatecas. La adopción de este método de trabajo permite una extraordinaria reducción de los costos y, además, la explotación económica de yacimientos de minerales demasiado pobres para poder ser tratados con el sistema tradicional de la fusión. La innovación era tanto más propicia para España por cuanto este país disponía de mercurio en la Península Ibérica misma, precisamente en la zona de Almadén, a unos 90 kilómetros al norte de Córdoba, donde existían ricas minas de mercurio que ya se explotaban en tiempos de los romanos. En la época que aquí se trata las minas en cuestión estaban administradas por unos poderosísimos mercaderes banqueros: los Fugger.

La producción de mercurio en Almadén era notable: entre 1573 y 1604 rondaba los 2.500-2.800 quintales (115.000-130.000 kg), y entre 1605 y 1624 se llegó a exportar a Sevilla otros 4.000 quintales al año destinados por entero a las colonias (P. J. Bakewell, "Silver Minning and Society..."). Pero esto no fue todo. No había límites para la buena fortuna de España en aquel tiempo.

La notable producción de Almadén no era suficiente para cubrir las necesidades en los años de mayor actividad minera en Zacatecas. Sin embargo, para estas extraordinarias necesidades, España podía recurrir fácilmente a las minas de Idria, a pocas decenas de kilómetros al noreste de Trieste. Podía incluso, en momentos de particular dificultad, importar mercurio de la China, como hizo en 1615 y luego también en 1644 y en 1661, pero estos casos fueron raros. Las producciones combinadas de Almadén y de Idria, con la ayuda ocasional de la producción china (que llegaba a las colonias americanas vía Acapulco, México), no siempre alcanzaban, sin embargo, a satisfacer las exigencias de la producción de Zacatecas y no había suficiente mercurio disponible en el mercado para satisfacer también las de Potosí, de modo que esta importante porción de la producción minera iberoamericana permaneció apartada del progreso tecnológico, y su elaboración debió continuar con el método tradicional y poco eficaz de la fusión. Pero entonces ocurrió que la fortuna de España se demostró, por enésima vez, increíblemente extraordinaria. Lo que aconteció fue otro milagro que benefició a España de manera totalmente inesperada.

En el año de gracia de 1563, durante una fiesta, un indio tomó contacto con un encomendero español, Amador de Cabrera, y le propuso indicarle un lugar que podía interesar a los españoles. Los dos se pusieron en marcha y alcanzaron una veta, también ésta a unos 4.000 metros de altura. En un lugar llamado Huancavelica, no menos triste y desolado que Potosí, el indio mostró al español la estructura de una mina que los indios explotaban desde tiempos inmemoriales y de donde extraían el *cinnabar*, que usaban como tintura para pintarse el cuerpo de rojo durante las fiestas. De la mina se podía extraer también mercurio, pero los incas prohibían tal producción considerando, no sin razón, que el mercurio resultaba nocivo para quienes lo manipulaban. Pero los españoles no tenían tales escrúpulos, tanto más porque quienes tendrían que trabajar en las minas serían los indios y no ellos mismos. El 1º de enero de 1564 Amador de Cabrera fue declarado oficialmente descubridor de Huancavelica, donde rápidamente se inició la extracción de mercurio, obteniéndose muchos miles de quintales al año ya a partir de 1573.

Huancavelica está situada al sudeste de El Callao (Perú), y entre Potosí y la mina por entonces recién descubierta no hay en línea recta más de 1.200 kilómetros (véase la figura 2). Pero, en realidad, Huancavelica y Potosí estaban mucho más distantes entre sí de lo que el simple kilometraje en línea recta podría indicar. Para ir de un sitio al otro era necesario superar o rodear montañas impenetrables y picos salientes y hacer uso de senderos escarpados y peligrosos. De caminos ni siquiera se podía hablar. El transporte de mercurio desde Huancavelica hasta Potosí sólo podía efectuarse, entonces, a lomo de llama. Las dificultades aunque grandes, no eran insuperables, y lo ventajoso de tener una ulterior fuente de mercurio a distancia razonable de Potosí era inconmensurable. Desde 1570, entonces, España poseía suficientes minas de mercurio para satisfacer las exigencias de su producción de plata, ya sea en Zacatecas o en Potosí.

Sin embargo, por una serie de complejas razones, la adopción en Potosí del moderno sistema de la amalgama debió esperar cerca de seis años desde el día del descubrimiento de las minas de Huancavelica, y durante todo ese tiempo el mercurio de Huancavelica fue transportado hacia el norte para ser usado en Zacatecas. Recién en 1573 el maestro de azoguería don Pedro Hernández de Velasco aplicará a la producción de Potosí el método adoptado veinte años antes por Bartolomé de Medina. Desde aquel momento, la curva de la producción de plata española trazó una extraordinaria escalada, alcanzando la máxima productividad en el período 1600-1660.

II

Como escribe el profesor Domínguez Ortiz en su obra *The Golden Age of Spain, 1515-1659* (p. 297), España renunció a instituir un monopolio comercial de Estado como el que los portugueses establecieron para el comercio de las especias. Pero, de cualquier modo, nunca dejó de realizar severísimos controles sobre el movimiento de las personas y de los bienes que se dirigían a las Indias o provenientes de ellas. La mayor parte de estos controles fueron concebidos y llevados a cabo con el fin principal de garantizarse el monopolio de los beneficios derivados de la posesión de las colonias y del comercio con las mismas.

Desde los primeros días de la conquista, la administración española se opuso enérgicamente al establecimiento de extranjeros en sus colonias; debe decirse que eran considerados extranjeros incluso todos aquellos que habitaran en territorios que formaban parte del imperio español pero cuyos padres o abuelos no hubiesen nacido en Castilla, León o Navarra. Sólo a los descendientes directos de personas nacidas en estos lugares les estaba permitido establecerse en las colonias iberoamericanas. Los lazos fueron aflojados un poco en 1620, cuando, con la cédula real del 14 de agosto, se admitió la naturalización de los hijos de extranjeros que fuesen católicos y que hubiesen estado domiciliados en España por un mínimo de 10 años.

El primer documento que prohibió a los extranjeros establecerse en las colonias data de 1501 y la prohibición fue ratificada en otros documentos de 1505, 1509 y febrero y junio de 1510.

Durante este primer período, que coincide con los primeros años del reinado de Carlos V, las disposiciones que prohibían el afincamiento de forasteros en las colonias se aplicaron con extrema severidad. Más tarde, en 1525-1526, hubo un imprevisto cambio de rumbo y, con cédulas reales de noviembre de aquellos dos años, les fue concedido a los extranjeros establecerse en las colonias. Pero la liberalización duró muy poco, y las disposiciones de 1525 y 1526 fueron rápidamente abolidas. Ya en 1538 el mismísimo Carlos comunicaba al mayor organismo que supervisaba la administración de las colonias y el comercio con las mismas –la Casa de la Contratación en Sevilla– que desde aquella fecha en adelante no debía concedérsele a ningún extranjero navegar a las Indias. De esta manera, desde 1538 la política restrictiva tomó la delantera y la inmigración a las colonias fue monopolio exclusivo del pueblo español. Esta política permaneció en vigor, con muy leves modificaciones, hasta el fin del imperio, y las penas para quienes violaran la prohibición llegaron a ser atroces. En 1604 se instituyó que quien fuese a las colonias sin licencia sería condenado a servir durante cuatro años en las galeras, y en noviembre de 1607 se llegó a decretar la pena de muerte para los capitanes, pilotos, maestres y contramaestres y demás oficiales navales que transportaran ilegalmente extranjeros a las colonias.

En la segunda mitad del siglo XVII el rigor fue mitigado, y se permitió a los inmigrantes ilegales regularizar su posición mediante el pago de una pena pecuniaria. Ocasionalmente se concedería a extranjeros autorización para establecerse en las Indias; sin embargo, el número de no españoles que se establecieron fue siempre muy limitado: se calcula que no eran más que el 3 o el 5 %. Entre quienes obtuvieron la autorización para afincarse en las colonias fueron particularmente numerosos los genoveses.

Otra limitación importante, que golpeaba indiscriminada y severamente a todos los extranjeros, era la prohibición de comerciar con las Indias, ya sea directamente o mediante terceros. Las disposiciones y leyes que establecieron esta prohibición aparecieron también desde los primeros años de la conquista y, salvo el paréntesis liberal de 1525-1526, se repitieron en 1538, 1552, 1557, 1569, 1592, 1596, 1605, 1608, 1614, 1616 y así sucesivamente.

Finalmente, la prohibición de comerciar con las Indias estaba acompañada por otra –igualmente severa pero extendida también a los españoles–, de implantar manufacturas en las colonias, de establecer comercios permanentes entre los virreinatos de la Nueva España y del Perú, y de cultivar vides y producir vino local.[1] Estas prohibiciones servían esencialmente para proteger la industria y la agricultura españolas, mientras que el control sobre el movimiento de libros y el de las personas formaba parte de la intransigencia y del fanatismo españoles en materia de religión.

En general, los controles sobre los afincamientos y los movimientos de las personas resultaron mucho más eficaces que los controles sobre la implantación de manufacturas y de ciertos cultivos agrícolas. Es importante subrayar, por otro lado, que para llevar a cabo eficazmente los numerosos y rigurosos controles que la administración española había exigido e instituido desde los primeros días de la conquista fue necesario concentrar todo el comercio de bienes y el movimiento de las personas desde o hacia las Indias en un solo puerto de España.

---

[1] Para todo lo que antecede, cf. García-Baquero Gonzáles, *Cádiz y el Atlántico...*, caps. I a III.

La elección recayó en Sevilla, que ya en 1503 fue declarada sede de la Casa de la Contratación. Desde aquella fecha, Sevilla, con su antepuerto de Sanlúcar, fue la sede del monopolio comercial hispanoamericano: el único puerto habilitado para comerciar con las tierras recientemente descubiertas. En otras palabras, Sevilla fue desde aquel momento "puerta y puerto de las Indias", y siguió siéndolo hasta el 8 de mayo de 1717, cuando el rey Felipe ordenó que la Casa de la Contratación y el Consulado fuesen trasladados a Cádiz. Desde aquella fecha fue Cádiz el lugar de partida y de arribo obligatorio para todos los pasajeros y las mercaderías que partían a las Indias o llegaban allí.

III

En sus inicios, el comercio entre España y sus colonias era llevado a cabo, en gran parte, por navíos veloces llamados *sveltos*, que operaban individualmente. Más tarde estos navíos comenzaron a unirse en convoyes para una mayor protección, haciéndose acompañar por algún galeón. Nace así el sistema de la Carrera a las Indias, que se sistematizó el 16 de julio de 1561. En esa fecha se dio nueva forma a las flotas y se ordenó que cada año partiesen (hacia las Indias) dos flotas, una en enero y la otra en agosto. Al mismo tiempo, se estableció que ningún navío operara fuera de la flota y se dispuso que cada flota estuviera comandada por un capitán general y por un almirante. Se establecía además que la capitana y la almiranta estarían dotadas de un contingente de 30 soldados cada una.

Según el profesor Chaunu, la ordenanza del 16 de julio de 1561 no aportaba, sin embargo, grandes novedades en la organización del sistema de transportes entre España y las Indias, porque ya antes de esa fecha navíos españoles habían advertido la necesidad de navegar en convoy para defenderse mejor de los ataques de corsarios y enemigos. Pero con la ordenanza del 16 de julio de 1561 la navegación en convoy se hizo sistemática, y por primera vez se prohibió la navegación de *sveltos* (una prohibición que, sin embargo, no tendría efecto). Entre 1506 y 1650, sobre 18.767 viajes de ida y vuelta cumplidos por los navíos de la Carrera, 8.222 fueron en convoy, 6.887 permanecen indeterminados, y sólo 2.658 se hicieron en *sveltos*.

En el lapso de unos pocos años el sistema previsto por la cédula de 1561 fue puesto en discusión. Es necesario decir que prácticamente no había funcionado, porque el retraso de una flota provocaba el retraso de la otra, y así sucesivamente. De hecho, los retrasos dominaban la escena. La armada y flota de Tierra Firme y de Nueva España, al comando de los hermanos Menéndez, que según las disposiciones del 16 de julio de 1561 debía partir de Sevilla en febrero de 1562, no llegó a hacerlo hasta mayo de 1563. Otra flota destinada a conducir bienes para la Tierra Firme, al mando de Bernardino de Andino y compuesta por 13 navíos, debía partir en diciembre de 1560, pero en realidad no llegó a hacerlo hasta el 27 de febrero de 1561. Las demoras se debían a las operaciones de carga y estiba de los navíos y, a partir de la segunda mitad del siglo XVI, a la búsqueda de marineros, que en España eran cada vez más difíciles de encontrar, al punto de que los armadores debieron recurrir frecuentemente a marineros extranjeros.

Sea como fuere, el retraso suscitaba una gran preocupación, porque demorar la partida de una flota significaba hacerla navegar en la estación de las tempestades, y éstas ocasionaban temor. Además, el retraso provocaba turbaciones y desbarajustes gravísimos en la economía española, y en la economía mundial en su totalidad.

Se llegó así al ordenamiento de 1564, con el que se abolió el sistema de las flotas previstas para enero y agosto de cada año y se lo sustituyó por el sistema de dos convoyes anuales que, a causa de los diversos regímenes de los vientos dominantes en el Caribe del norte con respecto a los del sur, fueron planificados de la siguiente manera: los navíos en ruta a la Nueva España, llamados colectivamente *flotas*, debían partir en marzo o en abril, mientras que los que se dirigían a la Tierra Firme, llamados colectivamente *galeones*, debían hacerlo en agosto o en septiembre.

Cuando todo iba bien, entonces, dos convoyes dejaban España entre marzo y septiembre de cada año, uno directo a la Nueva España, dirigido a Veracruz, y otro con destino a la Tierra Firme, dirigido a Portobelo, en el istmo de Panamá, o a Cartagena, en la Tierra Firme (hoy Colombia). Y debía de ser un espectáculo maravilloso aquel de una flota que, hacia la mitad del siglo XVI, estaba compuesta por 35, 70 o más navíos, todos con las velas plenamente desplegadas al viento y procurando marchar en fila india, protegidos usualmente por dos naves de guerra, la capitana y la almiranta, colocadas respectivamente a la vanguardia y a la retaguardia del convoy.

Mientras que los navíos que arribaban a Veracruz —una vez descargadas las mercaderías destinadas en buena parte a la Ciudad de México— se quedaban a pasar el invierno en aquel puerto, los navíos que llegaban a Portobelo pasaban el invierno en Cartagena, que era considerado uno de los mejores puertos del mundo (aunque escaso de agua). La mercadería descargada en Cartagena o en Portobelo era transportada en lomo de llama o de mula a la costa del Pacífico del istmo de Panamá, y vuelta a cargar en navíos que la llevaban al puerto de El Callao, donde, cargada nuevamente en lomo de mula o de llama, era transportada a Lima y a Potosí (véase la figura 2).

Después, en los mismos navíos que habían llevado la mercadería desde Panamá, la plata producida entretanto en Potosí era transportada por el camino inverso (o sea, Callao-Panamá). En Panamá, el metal precioso proveniente de Potosí era cargado sobre los navíos que habían pasado el invierno en Cartagena. En este punto los navíos se reunían en Cuba con aquellos que habían pasado el invierno en Veracruz y que ahora estaban cargados de productos de México —sobre todo plata— destinados a España. Así, en conjunto, las dos flotas —aquella que había pasado el invierno en Veracruz y la que lo había hecho en Cartagena–, cargadas respectivamente con productos de México y de Perú, formaban un convoy único que partía hacia mediados de marzo y, pasando por las Bermudas y las Azores, retornaba a Sevilla. Todas estas cargas y descargas que hemos descrito sólo brevemente comportaban frecuentes contratiempos, pero, en su conjunto, el complicadísimo sistema funcionó y le garantizó a España una extraordinaria cantidad de plata, a pesar de todas las dificultades y las hostilidades que debieron superarse.

IV

El sistema de comunicación y transporte entre España y sus colonias estuvo constantemente bajo la amenaza de dos elementos fuerte y peligrosamente hostiles. Uno de ellos fueron las fuerzas de la naturaleza, cuando se desencadenaban dando origen a huracanes y borrascas pavorosos. Furiosas tempestades que desparramaban los navíos a los cuatro vientos rompiendo la esmerada formación defensiva y causando pérdidas y daños ingentes estuvieron a la orden del día en la historia de la Carrera. Los españoles se mostraron, en general, menos hábiles que los ingleses como marineros, de forma tal que un experto en asuntos del mar, Diego Portichuelo de Rivadeneira, escribe: "reconocí el gobierno con que esta nación [Inglaterra] se porta con sus navíos. Asis para el manejo de las armas como para marinería es grande su disposición y aparejo". Sin embargo, aunque no igualaban a los ingleses en los asuntos del mar, es un hecho innegable que los españoles se mostraron las más de las veces como capaces y eficientes marineros. Baste a este propósito recordar las simples aunque significativas cifras que siguen. Entre 1546 y 1650, de los navíos que hicieron en conjunto 14.456 travesías sólo 402 se fueron a pique por la violencia del mar, y de los navíos que hicieron 2.221 travesías entre 1717 y 1772, sólo se perdieron 85. Y para aquellos siglos esto no puede ser considerado un mal récord (García-Baquero Gonzáles, *La Carrera de las Indias*, pp. 188-189).

El otro elemento que pesó de manera negativa sobre el sistema de comunicaciones y transportes de España fue la piratería. España se encontró en la encrucijada de tener que combatir la piratería en dos frentes: en el Mediterráneo, contra los piratas bárbaros, y en el Atlántico, contra la piratería organizada contra los españoles primero, por los franceses, luego por los ingleses y finalmente por los holandeses. España sufrió duras pérdidas y derrotas, como las de Tenerife, Cádiz, Santa Cruz y Matanzas; está también el caso de sir Francis Drake, que ocasionó pérdidas inmensas a la economía española; y hubo períodos particularmente infelices para España, como el quinquenio 1587-1592, durante el cual los piratas ingleses capturaron más del 15 por ciento de la plata destinada a Sevilla. Pero, no obstante todo esto, es necesario reconocer que los españoles llegaron a contener la amenaza de la piratería franco-inglesa-holandesa. El sistema de convoyes organizado por los españoles funcionó de manera más que satisfactoria. Salieron muy bien parados de la durísima lucha que tres poderosas naciones habían organizado contra ellos. Y todo aquello que iba camino de la madre patria hacia las colonias, así como lo que iba de las colonias a la madre patria, llegó con satisfactoria regularidad a destino.

El cargamento de los navíos que partían de España con destino a las Indias era siempre muy variado y estaba compuesto por los objetos y mercaderías más diversos; la lista de mercaderías cargadas sobre estos navíos parece el inventario de un bazar. Así, por ejemplo, sobre uno de los más de 40 navíos que en 1594 partieron desde Sevilla hacia Nueva España al mando de don Luis Alfonso de Flores, el mercader Gaspar Gonzáles cargó cucharas, candeleros, cuerdas, alambiques, navajas de afeitar, cueros, rosarios, collares de vidrio, telas, camisas, lienzos de Holanda, paños de Flandes, cintas, pañuelos, tapices, tafetán, pasamanos, faroles de cobre y otras cosas más. En la misma flota el mercader Andrés Canel, de Sevilla, cargó cobijas, utensilios varios, tejidos, vestidos y productos alimenticios como aceite, aceitunas y azúcar. Esta gran variedad de mercancías y bienes se explica porque las colonias tenían necesidad de todo, y para todo dependían de las importaciones de la madre patria. En las colonias no se producía nada que sirviera a la supervivencia cotidiana, incluido el aceite, el vino y el grano. Entonces, sobre los navíos destinados a las Indias los mercaderes españoles cargaban una inmensa variedad de mercancías, con la esperanza, que casi era certeza, de venderlas a los precios exorbitantes que prevalecían en las colonias (según Osorio y Redina, escritores del siglo XVII, hacia el fin del siglo XVI el precio medio de las mercancías se triplicaba entre el lugar de producción y el lugar de la primera venta en las Indias). La única mercancía que se encuentra en estos navíos en cantidad muy superior a las otras es el mercurio. Pero, salvo el mercurio, triunfa el bazar. Ya que todo tenía éxito en las colonias y los precios que se obtenían eran extraordinariamente elevados, todos tenían cualquier cosa para vender. Así, no eran sólo los mercaderes los que cargaban mercancías y objetos de todo tipo y naturaleza sobre los navíos destinados a las Indias; los mismos soldados, marineros, viajeros y religiosos llevaban consigo objetos y mercaderías que esperaban poder vender y, en efecto, vendían. Fue el 30 de octubre de 1595 cuando se oyeron por primera vez quejas de que en las Indias ya no se vendía tan fácilmente y a precios tan atractivos como antes: el hecho es que hacia fines del siglo XVI las Indias comenzaron a producir aquello que necesitaban. Sin embargo, hasta 1605-1610 las Indias permanecieron dependientes de España respecto de la mayor parte de esos productos.

La llegada de los navíos de España a Portobelo o a Veracruz recordaba las invasiones de los bárbaros. Alonso Sotelo escribía al rey, el 4 de junio de 1603, que los controles sobre mercancías importantes se hacían difíciles por los mismos soldados que, armados, se apoderaban de cada bote disponible y desembarcaban su pacotilla; y ¡ay del que intentara impedirlo!, pues incluso hubo víctimas.

El cargamento de retorno se caracterizaba, por el contrario, por una estable homogeneidad. De hecho, sobre los navíos que retornaban de las Indias, ya sea que lo hicieran desde Nueva España o desde Tierra Firme, se encontraban sólo dos tipos de carga: las mercancías producidas en las Indias y aquello que era llamado "el tesoro". Entre las mercancías producidas en las Indias prevalecían las tinturas, como la cochinilla (usada para teñir las telas de rojo), el índigo (usado para teñir las telas de azul oscuro) y otras maderas usadas también como colorantes, como el brasil, el campeche, etc. En orden de importancia seguían las plantas medicinales como la zarzaparrilla, la canafístola, el liquidámbar, la jalapa y el guajaco, considerado eficaz contra la sífilis y, por lo tanto, buscadísimo en Europa, tanto que los inefables Fugger consiguieron garantizarse el monopolio. Y finalmente un grupo de mercancías variadas, como lana, algodón, cueros, azúcar, tabaco, especias como el ají y el jengibre y seda china importada –vía Acapulco– de las Filipinas.

CUADRO 1. *Valor estimado de las importaciones de mercancías y tesoros de las Américas en España (en maravedís)*

Año	Tesoro	Mercancías	Total
1586	750.000.000	386.250.000	1. 136.250.000
1595	6. 453.315.000	281.199.000	6. 716.514.000
1603	2. 831.411.000	326.672.000	3. 158.083.000
1610	2. 190.416.000	189.290.000	2. 379.706.000
1620	1. 295.964.000	472.035.000	1. 768.000.000
1630	2. 136.430.000	557.512.000	2. 693.942.000
1649	1. 003.683.000	67.130.000	1. 070.813.000
1653	301.406.000	22.527.000	323.933.000

FUENTE: Hamilton, *American Treasure and the Price Revolution...*, y Chaunu, *Séville et l'Atlantique*, pássim.

La otra gran categoría –con mucho la categoría dominante– que figura entre las importaciones en España es la denominada "el tesoro", compuesta de oro, plata y perlas. Las cifras recogidas en el cuadro 1 demuestran *ad abundantiam* que el valor del tesoro fue muy superior al de todas las otras mercancías importadas. No todos los años fueron como 1595, en el cual el tesoro importado por España ascendió a un poco más de 6.453 millones de maravedís contra los apenas 281 millones de maravedís de otras mercancías. Pero la mayor parte de los demás años el tesoro representó de cuatro a diez veces el valor de todas las otras mercancías importadas. Y el componente mayor del tesoro a partir de 1551 era la plata. Pero, ¿cuánta plata?

V

Para responder a esta pregunta es preciso, como primera medida, remontarse a la serie de datos publicados en 1934 por el profesor Earl J. Hamilton en su clásico libro *American Treasure and the Price Revolution in Spain, 1501-1650*. La serie de datos se refiere específicamente a las importaciones en España de plata y de oro de las Indias entre 1503 y 1660, pero ha sido usada por mucho tiempo como *pièce de résistance* por todos aquellos que se han ocupado de la historia de la producción de plata en las Indias, así como por quienes se han ocupado de la así llamada "revolución de los precios en Europa" en el curso del siglo XVI (véase el cuadro 2).

Según esta serie, las importaciones de plata de las Indias en España habrían sido de apenas 149 kilogramos alrededor del decenio 1521-1530, aumentando, sin embargo, decidida y continuamente en los tres decenios siguientes, hasta alcanzar el nivel de casi 303 toneladas en el decenio 1551-1560. Alcanzado este punto, la serie muestra un alza y las importaciones crecen hasta un total de 943 toneladas aproximadamente en los años 1561-1570. Desde aquel momento, y por tres decenios más, la curva continúa subiendo muy rápidamente, llegando a indicar para el decenio 1591-1600 importaciones por 2.708 toneladas. La extraordinaria crecida concluyó en el curso de los años 1620-1630; entre 1601 y 1630 la curva se estabiliza en poco más de 2.100 toneladas por decenio para luego entrar en una fase descendente que habría visto caer las importaciones al nivel de apenas 443 toneladas en el decenio 1651-1660. En su conjunto, entre 1503 y 1660, según la serie hamiltoniana, habrían llegado a España desde las Indias 16.887 toneladas de plata.

CUADRO 2. *Importaciones en España de oro y plata americanos (toneladas métricas)*

	Oro	Plata
1503-1510	5	-
1511-1520	9	-
1521-1530	5	-
1531-1540	14	86
1541-1550	25	178
1551-1560	43	303
1561-1570	12	943
1571-1580	9	1.119
1581-1590	12	2.103
1591-1600	19	2.708
1601-1610	12	2.214
1611-1620	9	2.192
1621-1630	4	2.145
1631-1640	1	1.397
1641-1650	2	1.056
1651-1660	0,5	443

FUENTE: Hamilton, *American Treasure and the Price...*, p. 42.

He dicho anteriormente que durante mucho tiempo la serie de Hamilton se tomó como base y fundamento de los estudios sobre el siglo XVI español, pero desde hace algunos años comenzaron a aparecer dudas cada vez más importantes y mejor documentadas sobre las cifras en cuestión. En efecto, todo hace considerar que la serie hamiltoniana devalúa gravemente el fenómeno que pretende ilustrar, ya que ignora las importaciones de contrabando, que fueron asumiendo dimensiones extraordinariamente elevadas. La plata importada de las Indias debía estar asentada en un registro especial sobre cuya base se calculaban los impuestos que los importadores debían pagar a las cajas del Estado. La plata no registrada era llamada "plata fuera de registro".

A partir de la segunda mitad de los años 1560-1570 el contrabando se vuelve en España una práctica cada vez más corriente y extendida a todas las mercancías, pero especialmente a la plata. En 1555 uno de los navíos de la flota naufragó cerca de la costa española, entre Cádiz y Gibraltar. Así fue posible recuperar el tesoro cargado, que era de proporciones sorprendentes, ya que, en lugar de los 150.000 reales de a ocho registrados, se encontró exactamente el doble. Y a través de varios canales primero, y luego directamente gracias a una inspección de Rui Gómez de Silva, hasta Carlos V fue informado de que un barco al mando de Miguel de Oquendo había arribado a Sevilla con un cargamento notablemente superior a lo declarado en la bula de acompañamiento. Pero esto no es todo: el emperador llegó a saber también que los interesados habían logrado despachar esa carga gracias a la tolerancia de los empleados de la Casa de la Contratación. La carta que Carlos V escribe el 31 de marzo a su hija Juana luego de este episodio, es uno de los pocos escritos del emperador que denuncia momentos de cólera en su ánimo.

En el año 1568 arribaron a Sevilla 16 navíos de la Nueva España y 29 del Perú. Según los registros, el cargamento de estas naves era de 4.500 ducados, pero según estimaciones corrientes la plata efectivamente cargada en estos navíos habría llegado a 8.000 ducados, la mayor parte fuera de registro. La Casa de la Contratación valuaba en 2.500.000 reales las importaciones fuera de registro provenientes de las Indias llevadas a cabo en 1626, y en 1.500.000 las del año siguiente. En 1634, los galeones de Fernández de Córdoba descargaron en Sevilla un tesoro registrado por el valor de 6.100 pesos, pero, según una carta de don Manuel de Hinojosa, se trataba de un "gran fraude", porque resultaba que la plata cargada sobre el navío en Portobelo llegaba a cerca de 7.000 pesos. Una cédula de 1648 calculaba que sólo desde Perú y Chile llegaban a Sevilla 500.000 ducados al año fuera de registro. La real cédula del 18 de marzo de 1634 denunciaba que "el desorden en las exportaciones de plata de las Indias está llegando a excesos insoportables".

Las medidas más enérgicas y severas para combatir el creciente fraude surtían efectos muy deficientes y sólo temporales; poco después de haberlas adoptado todo volvía a su estado anterior, y aun empeoraba. Las flotas de 1639 marcaron un grado de ocultamiento de la plata importada nunca visto antes. El fraude continuó creciendo a un ritmo tal que en 1660, descreyendo poder ponerle remedio, las autoridades decidieron abolir la obligación de los registros que, por otra parte, ya muy pocos practicaban.[2] A inicios del siglo XVII el contrabando de plata había llegado a ser el deporte nacional. Lo practicaban los extranjeros y los españoles, lo practicaban los mercaderes, los comandantes de las flotas y los almirantes, lo practicaban los marineros y los pasajeros. Los eclesiásticos no constituían una excepción; lo demuestra el gran número de obispos que regresaban a la pa-

---

[2] Domínguez Ortiz, "Las remesas de metales preciosos de Indias en 1621-65", p. 563.

tria con verdaderas fortunas. El hermano Juan Pérez de Espinosa, que murió en Sevilla en 1622, en el convento de San Francisco, dejó un patrimonio de 414.700 reales, 62 lingotes de oro y muchos y variados objetos de ese metal. Todo fue secuestrado por la Corona cuando se averiguó que el tesoro del fraile había sido transportado en su totalidad fuera de registro.

El profesor Domínguez Ortiz escribe que es preciso estar atentos a no exagerar el volumen del tráfico atlántico en el siglo XVI, y que, en lo que respecta a las importaciones en España de plata proveniente de las Indias, las 16.887 toneladas reportadas por Hamilton representan menos de dos años de la producción mundial moderna de plata.[3] Hemos visto que las cifras de Hamilton subestiman la cantidad de las importaciones de plata en España en cuanto ignoran la cantidad de plata llevada fuera de registro, contrabandeada, y sin embargo vimos que el contrabando aumentó rápidamente con el fin del siglo XVI. No obstante, se puede conceder que, aun aumentando las 16.887 toneladas de Hamilton hasta una suma imprecisa pero notable, quedaríamos, de cualquier modo, siempre lejos de las cifras de producción moderna de plata. Por otra parte, según el profesor Morineau, en el siglo XVI las importaciones de plata de las Indias en España fueron sensiblemente inferiores a las cantidades importadas en los dos siglos subsiguientes –más de 26.000 toneladas en el siglo XVII y otras 39.000 toneladas en el siglo XVIII contra las 16.887 toneladas del siglo XVI–, por lo cual el notorio historiador francés habla de un siglo XVI "*trop exalté*", de un siglo XVII "*injustement honni*" y de un siglo XVIII "*mal compris*".[4]

---

[3] Domínguez Ortiz, *The Golden Age...*, p. 297.
[4] Morineau, *Incroyables gazettes et fabuleaux métaux...*, pp. 570 y 577.

Las observaciones de Domínguez Ortiz y de Morineau son correctas, pero a ambos autores se les escapa una cosa muy importante. Las importaciones de plata en la España del siglo XVI deben ser vistas en el marco de la época. Como veremos en los capítulos que siguen, durante todo el Medioevo, hasta la mitad del siglo XIV, Europa había sufrido una grave escasez de metal que la había sofocado, obstaculizando mucho su comercio y, sobre todo, sus tráficos internacionales, por la falta de una adecuada masa de medios de cambio y de pago. La llegada de metal precioso a la España del siglo XVI, aunque cuantitativamente depreciada frente a la producción argentífera moderna e inferior a las importaciones de los siglos XVII y XVIII, representó para Europa una gran novedad, una novedad casi revolucionaria, y tal fue su importancia que los sistemas monetarios se vieron literalmente revueltos. Retornaremos en seguida sobre este punto que es esencial para nuestra historia y, por lo tanto, hemos de estudiar y describir en detalle.

Ya que la plata era un bien dotado de ilimitada liquidez en el mercado internacional y era buscada con entusiasmo, gracias a las extraordinarias cantidades de ese metal recibidas de las Indias España se convierte de la noche a la mañana de ser un conjunto de países (como Castilla) en gran medida pobres, ya sea respecto de sus recursos humanos como materiales, en el país más poderoso del mundo. El teólogo español Tomás de Mercado podía escribir con razón, en 1569, que "Sevilla y la España atlántica, de último confín del mundo que eran, se han vuelto el centro".

VI

Durante la segunda mitad del siglo XV se descubrieron ricos yacimientos de plata en los Alpes y en los Erzgebirge, especialmente en Schwaz, el Tirol, y en Schneeberg, Sajonia. La excepcional abundancia de plata resultante, que inundó las cecas de aquel tiempo, fue el origen de una importante reforma monetaria que cambió literalmente el rostro de la moneda europea. La reforma comenzó en Venecia, donde en 1472 fue acuñada por primera vez una moneda de espesor considerable, seis o siete veces mayor que el que había caracterizado a la delgadísima moneda medieval. Desde los lejanos tiempos de las reformas de Carlomagno y durante toda la Edad Media, todas las monedas europeas eran forjadas sobre discos de oro, plata o vellón tan delgados que se podían doblar fácilmente, sin esfuerzo alguno, entre los dedos de la mano. La lira Tron (el nombre de la nueva moneda veneciana) era, a la inversa, una moneda de robusto espesor que no podía ser doblada en absoluto. Formalmente, también la nueva moneda se distinguía de las precedentes porque llevaba el retrato del príncipe (en el caso de Venecia, del dux), con perfecta semejanza del modelo y en perfecto estilo renacentista (véase la figura 5). Dos años después, precisamente en 1474, fue el turno de Milán, que, siguiendo el ejemplo de Venecia, acuñó una moneda de plata de gran espesor, algunos gramos más pesada que la moneda veneciana, y que llevaba sobre su revés un bello retrato del duque Galeazzo Maria Sforza (véase la figura 5).

Las características numismáticas de las dos monedas son las siguientes:

Ciudad	Año	Peso en gramos	Liga x/1.000	Pureza en gramos	Valor nominal
Venecia	1472	6,5	948	6,16	20 sueldos
Milán	1474	9,8	963	9,44	20 sueldos

La razón por la que fueron Venecia y Milán las que iniciaron este viraje hacia monedas más pesadas y, sobre todo, de mayor espesor respecto de las monedas tradicionales, consistía en el hecho de que Venecia y Milán eran históricamente los mercados con los que Alemania mantenía relaciones comerciales y financieras particularmente intensas, y caracterizadas por una balanza desfavorable para esta nación, por lo que la plata alemana tendía a afluir a los dos mercados italianos en pago del irrecuperable y obstinado déficit comercial de Alemania. Las dos nuevas monedas tomaron el nombre de *testonas* por el retrato del príncipe de medio busto (o sea, esencialmente la cabeza) que figuraba en ellas, y fueron acogidas con entusiasmo por el mercado, tanto que fueron rápidamente imitadas en otros Estados, dentro y fuera de Italia, como se puede ver en el cuadro que sigue:

Ciudad	Fecha	Peso en gramos	Liga x/1.000	Pureza en gramos	Valor nominal
Turín	1483	9,64	944,45	9,10	
Génova	1492	9,90	958,3	9,49	24 sueldos
Florencia	1535	10,00	958,3	9,58	40 sueldos
Países Bajos	1487	7,20	935	6,73	
Francia	1513	9,60	938	9,00	10 sueldos
Inglaterra	1509	9,33	925	8,63	1 chelín

Mientras todo esto sucedía, otros acontecimientos todavía más maravillosos tenían lugar en Alemania. Comenzaron en el Tirol, donde, como ya se ha dicho, en el curso del siglo XV se descubrieron yacimientos de plata extraordinariamente ricos. El archiduque Segismundo, con su innata inclinación a la opulencia y bajo la sugestión del éxito de las reformas monetarias italianas, tuvo la idea, que a muchos les pareció extravagante, de acuñar una moneda de plata que equivaliese en valor a la moneda de oro entonces dominante en el mercado alemán, el rheinischer gulden. La iniciativa, que pasó a la historia con el nombre de la "gran reforma monetaria" del archiduque Segismundo, tomó cuerpo en 1477 y culminó en la acuñación de dos grandes monedas de plata que superaban en mucho el peso de cualquier otra moneda jamás acuñada en Europa: estas dos monedas fueron el guldiner, que pesaba nada menos que 31,93 gramos, con una pureza de 29,92 gramos de plata, y su compañero, el halbguldiner, que pesaba 15,96 gramos, con una pureza de 14,96 gramos de plata. No parece, sin embargo, que las dos monedas hayan tenido un gran éxito en los intercambios monetarios, aunque imitaciones suyas fueron acuñadas en Suiza (por ejemplo, en Berna, en 1493) y en Sajonia en 1500. Todo hace pensar que fueron usadas sobre todo como medallas. Sin embargo, el camino estaba trazado y el ejemplo había sido dado.

En Bohemia, a continuación del descubrimiento de plata en la Sankt Joachimstal, los condes de Schlick, propietarios de las minas, hicieron acuñar en los últimos años del siglo XV una gran moneda de casi 27 gramos de peso que, con una liga de casi 900 milésimas contenía poco más de 24 gramos de plata pura. En 1528, cuando la ceca cae en manos del rey Fernando de Austria, la moneda fue reducida a 26,39 gramos de peso. Del lugar de donde provenía la plata de la que estaba compuesta, la nueva maximoneda tomó el nombre de joachimstaler primero, y luego simplemente de taler. Así como había sucedido con el guldiner del gran duque Segismundo, también los táleros de los condes Schlick encontraron en un primer momento escasa acogida como moneda, y fueron empleados sobre todo como medallas; pero después, a partir del siglo XVI, por razones inexplicables, inesperadamente alcanzaron un éxito increíble en el campo monetario incluso a nivel internacional, como lo testimonia su extraordinaria difusión y, además, el hecho de que su denominación haya sido el origen del nombre del daalder holandés y del dólar norteamericano.

La situación monetaria en España a la muerte del rey Enrique IV –ocurrida el 11 de diciembre de 1474– era cuanto menos caótica, y los nuevos soberanos, Fernando e Isabel, buscaron sin pérdida de tiempo poner un poco de orden en un sector tan delicado. La primera reforma monetaria de los reyes católicos fue promulgada el 20 de febrero de 1475 y desde entonces se sucedieron sin cesar toda una serie de disposiciones y de órdenes que culminaron en la segunda reforma monetaria, decretada el 13 de junio de 1497. Esta reforma fue de aliento tan amplio que, como sostiene Burzio en su *Diccionario*, algunas disposiciones aún mantenían vigor en el siglo XIX. Con esta reforma se fijó el valor legal de las monedas en circulación, estableciendo un preciso cuadro de equivalencias monetarias, y se determinaron el peso, la liga, el valor y la cantidad de las monedas que se acuñarían. El texto que contiene las disposiciones de esta segunda y fundamental reforma es conocido con el nombre de "Pragmática de Medina del Campo", fechado precisamente el 13 de junio de 1497. De estos documentos resulta claro que el sistema monetario español no había recibido aún las nuevas tendencias manifestadas en el resto de Europa con la aparición de pesadas monedas de plata. La moneda de plata que continuaba siendo la base del sistema monetario español era el real, una moneda nacida en los tiempos del rey Pedro I (1350-1369), consistente, como las típicas monedas medievales europeas, en un delgadísimo disco de plata, de un peso que en 1497 rondaba los 3,4 gramos. La Pragmática de Medina del Campo preveía la acuñación de submúltiplos del real –vale decir, piezas de 1/2 real, de 1/4 de real y de 1/8 de real– pero no preveía ninguna acuñación de múltiplos. En los documentos citados no hay huellas del testón ni de cualquier otra maximoneda. El sistema monetario español había sido, y aún lo sería, de impronta medieval, aunque no por mucho tiempo. Pero para comprender aquello que acontece en España entre 1497 y 1530 es necesario apuntar nuevamente nuestro catalejo hacia las colonias iberoamericanas.

Cuando los españoles invadieron y ocuparon las Indias, la moneda metálica era allí desconocida. Como declaró el mismísimo inca Garcilaso: "aún en mis tiempos, que duraron hasta 1560, como en los veinte años que siguieron, no se encontraba moneda alguna en mi tierra, y los españoles para comprar o vender hacían pesar la plata y el oro". En los intercambios, los indios recurrían tradicionalmente al trueque, o bien, fuese como sistema de cambio o como medida de valor, hacían uso de semillas de cacao, de plumas, de tejidos, de oro en polvo o de pequeñas piezas de estaño o de cobre en forma de T. También los colonos españoles recurrieron para los pagos casi siempre a la sustitución de la moneda metálica, siendo ésta en todas partes rara y difícil de encontrar. Cuando se hacía uso de oro en polvo o de plata en panes se distinguía entre el metal que había sido aquilatado por los artesanos competentes (y sobre los cuales había que pagar un impuesto) y el metal no aquilatado, llamado corriente.

Hasta fines del siglo XVI, en el área de Buenos Aires la falta de moneda metálica era total, y en diciembre de 1574 el

Cabildo de Córdoba declaraba que no se hallaba en aquella tierra moneda con la cual negociar (Szaszdi, "Spain and American Treasure...").

Según Burzio, ya en las instrucciones dadas por los soberanos españoles el 23 de abril de 1497 se atisba la intención de establecer una ceca en Santo Domingo. No obstante, según Burzio, siempre en el mismo período, para obviar los inconvenientes derivados de la falta de moneda, se decide, para destinar a las colonias, acuñar monedas en España con el metal recibido de las Indias. Hispaniola habría sido la primera colonia en recibir, en 1506, una remesa de monedas acuñadas en Sevilla. Poco tiempo más tarde, el gobernador Nicolás de Ovando decide el envío a las colonias de 2 millones de maravedís, a acuñarse en España según el modelo español, y, paradójicamente, debió adquirir, por intermedio de los mercaderes genoveses, testones por 283 quintales de plata y casi la misma cantidad de cobre para llevar a término la operación. En mayo de 1511 la fabricación de esta masa de monedas aún no había concluido. Otras remesas de cierta consistencia fueron despachadas por la madre patria a las colonias en 1523 y en 1531. Según Adan Szaszdi, estos envíos de moneda de la madre patria eran, de cualquier modo, demasiado limitados para tener un impacto sobre la economía de las colonias. Un documento de 1547 hace referencia a un puñado de monedas existentes en Panamá; otro documento cita a un individuo que poseía algunos reales en Guayaquil, y otro más revela que, hacia el fin de los años 1540, el único lugar donde los reales eran requeridos y se podían encontrar era Portoviejo. Sin embargo, las cosas estaban cambiando.

El 11 de mayo de 1535 el emperador y la reina emitieron una orden que instituía la ceca de Ciudad de México, con la autorización de acuñar monedas de plata pero no de oro. En cuanto a la moneda de plata, la ordenanza de 1535 autorizaba la acuñación de múltiplos y submúltiplos del real, o sea, piezas de a 3, 2, 1/2 y 1/4. España se ponía así en la senda del resto de Europa. Dos años después, con la cédula real del 18 de noviembre de 1537, se autorizaba al gobernador del Virreinato de Nueva España, Antonio de Mendoza, a suspender la acuñación de los reales de a 3, que podían confundirse fácilmente con las piezas de a 2, mientras se lo autorizaba a acuñar piezas de a 8, 4, 2, 1 y 1/2 real. Entra así en escena, casi a hurtadillas, la pieza de a 8, llamada oficialmente "real de a ocho", que será, como escribe Felipe Mateu y Llopis, "la pieza española por antonomasia", la pieza destinada a convertirse en el soporte de las negociaciones y de las transacciones internacionales. Y su aparición se realiza, como se ha visto, casi a escondidas, sin ninguna relación específica en la legislación. Como escribe Octavio Gil Farrés, "uno de los casos más arduos de nuestra historia monetaria es el de la aparición del real de a ocho".[5]

La autorización para acuñar piezas de a 8 reales no significó, por lo demás, que tales piezas fuesen efectivamente producidas. Por algún tiempo la autorización fue letra muerta y todo hace pensar que los primeros reales de a ocho fueron acuñados más tarde, en los primeros años del reinado de Felipe II, probablemente en México. Al principio, como ya había sucedido con el guldiner del duque Segismundo y luego con el tálero de los condes Schlick, tampoco la pieza de a 8 española encontró una buena acogida. En los años 1543-1545, el aquilatador Juan Gutiérrez, respondiendo al interrogatorio dirigido por el licenciado Francisco Tello de Sando, declaró haber pasado casi seis años en la ceca y que en ese período se habían producido piezas de a 8, pero que luego cesó su producción por ser demasiado trabajosa y

---

[5] Gil Farrés, *Historia de la moneda*..., p. 236.

porque tales piezas no eran aceptadas. Aún más: en 1546 Francisco de Rincas Dijo, fundidor de la ceca de Ciudad de México, devenido rápidamente capataz y finalmente labrador de esa misma ceca, declaró que en un primer tiempo se confeccionaron allí piezas de a 3, 2, 1 y 1/4 de real y que luego llegó la cédula de Su Majestad que autorizaba la elaboración de piezas de a 4 y de a 8 y ordenaba que cesara la acuñación de piezas de a 3. Desde entonces, según el capataz, se produjeron en la ceca piezas de a 4, 2, 1, 1/2 y 1/4 de real y por algún tiempo también piezas de a 8, pero se abandonó la acuñación de estas últimas por ser demasiado trabajoso y por el alto costo que comportaba. En la misma ocasión, el capataz Testigo Alonso Ponce declaró que, durante el período de su residencia en la ceca, se elaboraron allí monedas de plata y de cobre, y que en un principio se produjeron piezas de a 3, 2, 1, 1/2 y 1/4 de real, pero después llegó la orden de suspender la acuñación de piezas de a 3 y de acuñar en su lugar piezas de a 4. También declaró, sin embargo, que por algún tiempo se acuñaron en dicha ceca piezas de a 8, pero pronto se dejó de hacer porque era demasiado engorroso producirlas y ocasionaban excesivo desecho ("como eran muy trabajosos de labrar y porque se hacía multa zizana"), y por ello sólo se produjeron durante unos pocos días.[6]

Sin embargo, como en el caso de los táleros, la actitud hacia las piezas de a 8 cambió en forma radical en relativamente poco tiempo. Ya en el otoño de 1537, el rey, habiendo recibido noticias de don Antonio de Mendoza, gobernador de la Nueva España, acerca de que la gente deseaba mucho que se produjeran piezas de a 8 por ser esta

---

[6] Dasí, T., *Estudio de los reales de a ocho*, vol. I, p. CCXXXI, doc. 276, año 1546, y Burzio, *Diccionario...*, vol. II, pp. 47-48.

moneda de un peso conveniente, le respondía: "Le encargo y mando que de aquí en adelante se elaboren piezas de a 4, 2, 1 y 1/2 real y también piezas de a 8 reales si eso le pareciera conveniente". Y el 11 de diciembre de 1558 las Cortes de Valladolid lamentaban que las cecas produjeran cada vez menos piezas de a medio real, concentrándose en la producción de piezas de a 4 y de a 8, porque los productores, elaborando estas piezas, trabajaban menos y ganaban más.[7]

Puesto que un real pesaba cerca de 3,4 gramos, la pieza de a 8 llegaba a pesar entre 27 y 27,5 gramos, menos que el guldiner pero casi igual que los primeros táleros. La liga quedaba establecida en 930,555 milésimas, por lo que el contenido de plata pura habrá sido de casi 25,5 gramos. El espesor era de unos 3 mm y el diámetro de 40 mm. Se trataba, por consiguiente, de una maximoneda y, salvo algunos ejemplares bastante raros, era fea, mal acuñada y fácilmente cercenable (véanse las figuras 6 y 7). Sin embargo, estaba disponible en el mercado en elevadísimas cantidades.

En cuanto al poder adquisitivo del real de a ocho en aquel tiempo, podemos proveer sólo algunos datos escasamente indicativos. Sabemos que alrededor del año 1571 el mercurio de España desciende de 117 a 100 pesos el quintal. También el jengibre bajó mucho de precio, de 8 reales la libra en 1566 a 4 reales algunos años más tarde. El 16 de noviembre de 1610 el arroz del Piamonte se pagaba a 28 reales el quintal, o sea, notoriamente más que el cobre de Chile, que el 27 de noviembre de 1627 se pagaba a 14 pesos el quintal. Pero el mercado era muy imperfecto y por eso los precios sufrían notables variaciones de una localidad a otra, así como de un año al otro. Por ejemplo, el 22 de ju-

---

[7] Ídem, p. CCLVIII, doc. 334, año 1558.

nio de 1575 se afirmaba que una botella de vino costaba en Perú menos de 5 pesos. Dos años después, el 7 de septiembre de 1577, se declaraba que en Veracruz el vino y el aceite se vendían bien, y que el buen vino llegaba a costar alrededor de 55 pesos de mina. Al año siguiente, empero, en Nombre de Dios se declara que "los vinos no tienen ningún valor". En junio del mismo año se confirma que "el vino se vende muy mal", pero en diciembre del año siguiente se refiere que "el vino se vende bien dado que son vendidos muchos toneles a 55-60 pesos de minas" y que, si se esperaba, el precio podía alcanzar tal vez los 70 pesos. En Panamá, el 14 de mayo de 1581, el vino bueno era pagado 2 pesos y medio y 4 granos la botella.

Pero que el mercado monetario en las colonias fue muy ineficaz y primitivo está demostrado, más que por la variación de los precios de una localidad a otra y por su extrema volatilidad de un año a otro, por lo elevado de las tasas de interés, que en las Indias alcanzaban por lo común el 60-65 por ciento.

VII

Para poder narrar la fabulosa historia de la pieza de a 8 de manera satisfactoria necesitaría saberse con precisión y en términos cuantitativos lo que sigue:

1) qué porcentaje de la plata producida en las Indias fue retenido allí y qué porcentaje se envió a la madre patria;

2) qué porcentaje de la plata retenida en las Indias fue acuñado y qué porcentaje, por el contrario, fue mantenido en panes;

3) cuánta de la plata enviada a España lo fue en moneda acuñada (y, específicamente, en piezas de a 8) y qué porcentaje, a la inversa, fue enviado en panes;

4) cuánta de la plata enviada en panes a España fue acuñada en las cecas españolas y cuánta fue mantenida en panes;

5) cuánta de la plata llegada a España –ya sea en monedas o en panes– permaneció allí y qué porcentaje fue exportado o contrabandeado a otros países.

Son todas preguntas esenciales. Lamentablemente, los documentos de aquel tiempo callan, y nosotros, frustrados e ignorantes, debemos contentarnos con vagas e imprecisas impresiones genéricas que podemos alcanzar a vislumbrar entre las líneas de los documentos sobrevivientes. Intentemos, pues, considerar varios puntos.

1) No existe duda alguna de que durante buena parte del siglo XVI una proporción siempre creciente de la plata producida en las Indias fue enviada a la madre patria. En los últimos años del siglo XVI la tendencia fue, sin embargo, revertida. Sobre todo por la necesidad de defensa ante los ataques

de los holandeses y por obra del desarrollo local de una economía monetaria, una cierta cantidad de la plata producida en las colonias permaneció en ellas. Este porcentaje fue aumentando con el curso del tiempo, pero siguió siendo siempre relativamente reducido. El grueso de la producción de plata iberoamericana afluyó siempre a España y la disponibilidad de moneda en las colonias siguió siendo muy reducida.

2) Ya se ha visto que las colonias no conocían la moneda metálica en el momento de la conquista y que durante bastante tiempo tanto los indios como los colonos continuaron la tradición local de recurrir al trueque y a sustitutos de la moneda metálica, como las semillas de cacao, el oro en polvo y los tejidos de algodón. Las pocas monedas que circulaban en aquel tiempo eran acuñadas en España. Más tarde, sin embargo, se crearon algunas cecas, entre las cuales las más importantes fueron la de Ciudad de México, fundada en 1535, y la de Potosí, que comenzó a producir monedas en 1574 o 1575. Se erigieron también algunas cecas menores, como la de Santo Domingo o la de Lima, pero las de Ciudad de México y Potosí fueron las de mayor importancia. Creo que es posible afirmar que desde 1535, año de la fundación de la ceca de Ciudad de México, y durante todo el período aquí considerado, el porcentaje de plata producida en las Américas y transformada en moneda en el lugar, esto es, en las cecas americanas, se mantuvo creciente.

3) La composición de los tesoros enviados a España cambió con el curso del tiempo: España siguió recibiendo panes de plata, pero recibía también, en proporción cada vez mayor, monedas producidas en las cecas de Ciudad de México y de Potosí. Y entre estas monedas americanas da la impresión de que prevalecían cada vez más las piezas de a 8 reales.

4) España contaba con un gran número de cecas, específicamente en Sevilla, Burgos, Granada, Toledo, Cuenca, Sego-

via, La Coruña, Valladolid, Madrid, Barcelona y Zaragoza. La ceca de La Coruña permaneció, sin embargo, inactiva durante la mayor parte del reinado de Felipe II. Las de Valladolid, Cuenca y Burgos perdieron poco a poco su importancia. La de Madrid trabajó sólo irregularmente. Pero las otras cecas lo hicieron de modo intenso, sobre todo las de Segovia y Sevilla. En la segunda mitad del siglo XVI se planeó crear en Madrid una ceca que operaría mediante el uso de energía hidráulica. Este sistema había sido inventado en Alemania; y Florencia, por ejemplo, adoptó la elaboración de la moneda "a molinillo" en 1576, confiándola a expertos alemanes. Sin embargo, en Madrid faltaba un curso de agua capaz de hacer funcionar un molino para la acuñación de la moneda. La ceca a energía hidráulica fue, por lo tanto, construida en Segovia sobre la ribera del Eresma, y comenzó a operar en 1586. Segovia tenía entonces dos cecas, porque la vieja, ubicada intramuros, continuó produciendo ciertos tipos de monedas, mientras que, en las afueras, la nueva ceca a molinillo acuñó otro tipo de monedas, como el real de a 8. Otra ceca de notable importancia fue la de Sevilla, donde había cerca de 200 operarios, y que, según Diego Cuelbis, era la "mejor ceca del mundo y aquella que producía más moneda"; pero, como se ve en la figura 7, también la ceca de Sevilla producía piezas de a 8 poco atractivas.

Las colonias continuaron fundiendo la materia prima –plata en panes– para la acuñación que se efectuaba en estas cecas. Pero no toda la plata en panes proveniente de las colonias era transformada en moneda en las cecas españolas. Un porcentaje que no podemos definir –pero que parece haber sido muy elevado– permanecía en panes y, como veremos a continuación, era objeto de un intenso comercio internacional.

5) Éste es el punto sobre el cual estamos mejor informados. Sabemos, por cierto, que de toda la plata que afluyó a

España –plata en panes, plata acuñada en las colonias, plata para ser acuñada en España– muy poca permaneció allí y casi toda salió del país. En una época en la cual prevalecía el credo mercantilista, esta continua, incontenible pérdida era juzgada con particular aprehensión. Los textos que se podrían citar al respecto son incontables. Los lamentos son infinitos. Me limitaré aquí a citar sólo dos documentos bastante significativos.

Las Cortes de 1588-1593 declararon que "mientras nuestros reinos podrían ser los más ricos del mundo por la abundancia del oro y la plata que han entrado y continúan entrando desde las Indias, terminan siendo más pobres porque sirven de puente para hacer pasar oro y plata a otros reinos enemigos nuestros". Y comentando sutilmente la situación española, en 1595 el embajador veneciano Vendramin escribía: "No sin razón los españoles dicen a propósito de este tesoro que desde las Indias llega a España que tiene sobre ellos el mismo efecto que la lluvia sobre los techos de las casas, que si bien cae sobre ellos, desciende al suelo sin que los que la reciben primero obtengan beneficio alguno".

Teoría mercantilista aparte, es un hecho innegable que la sangría de plata de España fue uno de los aspectos y una de las causas de la decadencia del país. ¿Pero, por qué España perdería toda esa masa de plata que las colonias le habían provisto y continuaban proveyéndole?

No es difícil hallar la respuesta a esta pregunta. Ante todo, es necesario tener en cuenta que alrededor del 75 u 80% de los tesoros que llegaban a España desde las Indias representaba el producto de las ventas hechas por particulares en las colonias, y el remanente 20-25 % representaba el rédito de la Corona, o sea, los *royalties* percibidos sobre la actividad minera de los súbditos, los impuestos sobre las importaciones y exportaciones de mercaderías, y dádivas varias; a esto se agregaba el producto de las ventas del mercurio de las minas de Almadén, efectuadas según un régimen monopólico por la Corona junto a los omnipresentes Fugger. La Corona española, sin embargo, tenía el pésimo hábito de estar permanentemente endeudada. Los tesoros que llegaban a España pertenecientes a la Corona se gastaban normalmente incluso antes de llegar a destino, y como el endeudamiento se debía sobre todo al mantenimiento de los ejércitos en varios frentes, los tesoros que la Corona utilizaba para pagar sus deudas salían de España para reaparecer en las zonas de guerra. Así, en octubre de 1551, con "las platas venidas de las Indias para los ejércitos" fueron acuñados en la ceca de Milán reales de a 8, de a 4 y de a 2, y en el mes de noviembre, siempre en la ceca de Milán, se acuñaron reales de a 8, de a 4 y de a 2 "para la necesidad del ejército y por mandato del Señor Embajador Cesáreo en Génova": en total, entre octubre y noviembre, en Milán se acuñó plata por un monto de 7.235 marcos (=1,85 toneladas) que España ya no volvería a ver.[8]

En 1567 el duque de Alba invade Flandes. Dos convoyes inmensos cargados de monedas y de plata acompañaron al cuerpo de expedición pasando por Bayona y París. Otros envíos masivos de tesoro para sostener el esfuerzo bélico del inefable duque continuaron en los años sucesivos. Un resultado de esta transferencia masiva de metal precioso de España al frente flamenco fue la gran cantidad de moneda de plata acuñada en Amberes entre 1567 y 1569, así como el notable aumento del volumen de la circulación monetaria en la Francia nororiental, adonde fue a parar en un primer tiempo buena parte de la plata española.

---

[8] Argelati, F., *De monetis Italiae variorum...*, vol. III, Tercera parte, p. 46.

Otro ejemplo, entre los muchísimos que se podrían recordar, y de tipo más común por la suma implicada, se remonta al año 1583. El 13 de septiembre arribaron a Sevilla la Armada y flota de Nueva España capitán general don Álvaro Flores de Quiñones y la Armada y flota de Tierra Firme capitán general don Diego Maldonado; en total, 70 navíos atestados de plata y monedas destinadas a la Corona, pero el rey no vio un centavo de todo aquel bien de Dios porque el tesoro, apenas desembarcado, fue repartido entre algunos de los numerosos acreedores del rey: 28 millones de maravedís a Simón Ruiz, 14.000 ducados a Juan Ortega de la Torre y 52.000 ducados a Juan Xedler por cuenta de los consabidos Fugger.

Por otra parte, aunque la Corona era responsable de la fuga de la plata de España, no fue, por cierto, la única responsable. Supongamos tres países –A, B, C– en estado de equilibrio económico. Supongamos que en cierto momento en el país A el equilibrio se rompe por un crecimiento excepcional de la cantidad de moneda circulante. Si el sistema productivo del país en cuestión no está en condiciones de aumentar el producto bruto en la misma medida en que aumenta la moneda en circulación, la teoría económica nos enseña que en el país A se debería verificar un aumento de precios y una fuga de metal precioso hacia los países B y C, y al mismo tiempo, un aumento de las exportaciones de bienes y servicios de los países B y C hacia el país A. Lo acontecido en España con la llegada masiva de plata de las Indias se ajusta plenamente al modelo teórico.

Ya se ha indicado con anterioridad el hecho de que los primeros colonos establecidos en las Indias tenían necesidad de todo, y dependían absolutamente de las importaciones de la madre patria. En un primer tiempo, las importaciones consistieron en bienes necesarios para la supervivencia, como vino, granos, vinagre y aceite. España estaba en condiciones de proveer estos bienes, por lo que esto no trajo inconvenientes particulares. Pero la situación habría de cambiar; hacia fines del siglo XVI, y aún más marcadamente en los inicios del siglo XVII, las colonias llegaron a adquirir cierto nivel de autonomía a pesar de todas las prohibiciones y las dificultades interpuestas por la madre patria. Por ejemplo, un relato de la Casa de la Contratación de 1607[9] declara que "el Perú tiene vino bastante para si, labra xabón y ay algún aceite". Adquirida cierta autonomía para los productos fundamentales y niveles de riqueza más satisfactorios, fue natural que la demanda de las colonias se dirigiera hacia productos más variados y costosos. Pero si España podía proveer sin dificultad harina, aceite, vinagre y vino, cuando se trató de suministrar a las colonias paños, calzados, alfombras, mobiliario, sedas, terciopelos o relojes su sistema productivo reveló toda su debilidad. La oferta no estuvo en condiciones de ir tras el frenético aumento de la demanda. Desde 1545 la industria española consideraba imposible proveer antes de seis meses, como mínimo, las mercaderías requeridas por Cartagena, Portobelo y Veracruz. En consecuencia, los precios aumentaron y España debió volcarse al exterior para procurarse los bienes que sus colonias requerían. Los mismos exportadores españoles fueron obligados a recurrir a productores extranjeros, a quienes prestaban su nombre para evitar las prohibiciones que golpeaban a los extranjeros en el comercio con las Indias. Un texto de 1522 refiere que "desde Cataluña parte todos los años una gran cantidad de tejidos para el reino de Castilla y de cuatro piezas que llegan a Castilla, tres emprenden la ruta de las Indias". Según Jean Bodin, hacia fi-

---

[9] Reproducido en Chaunu, P., *Séville et l'Atlantique*..., vol. IV, pp. 231-233.

nes de los años 1570-1580 España dependía mucho de Francia para la importación de tejidos, papel, libros y objetos de carpintería, que exportaba en gran parte a sus colonias. Un vasto comercio y también un vasto contrabando se desarrollaron de esta manera en Europa.

España pagaba sus importaciones con la plata de las Indias, en panes o monedas, y un verdadero torrente de plata convulsionó a Europa.

VIII

La moneda española más usada en los pagos internacionales, la moneda más requerida y más apreciada, fue el real de a 8, que corrientemente era llamado también "peso". Se ha visto ya que la pieza de a 8 era normalmente fea y mal acuñada. Sin embargo, su difusión fue muy rápida y extendida. A inicios del siglo XVI se la encuentra en Flandes, Francia y Portugal. A partir de fines de los años 1540 se la encuentra por toda Europa: en Milán en 1551, en Inglaterra en 1554, en Florencia en 1552, en Venecia en 1585, en Argel hacia 1570 y en Estonia en 1579. En 1553, Thomas Gresham, enviado del gobierno inglés, contaba sobre Amberes que "aquí no se halla ya ningún tipo de actividad relacionada con el oro, cosa muy extraña que, por cierto, se verifica en la plaza de Amberes: sólo los reales de España se encuentran allí abundantemente". En ocasión del viaje de Felipe II hacia fines de los años 1540-1550 se reportaba una gran abundancia de reales de a 8 en Francia, y en 1661 se notificaba que de Cádiz había llegado a St. Malo una carga de 3,3 millones de reales de a 8.[10]

Reales de a 8 aparecieron, en el siglo XVII, hasta en Riga, Pernau, Reval, Narva y Nyen. En el mismo siglo los rusos aceptaban regularmente pagos en reales de a 8. En Prusia, los reales llegaron hacia 1590 y, según una patente del 25 de junio de 1794, en aquel tiempo circulaban allí como moneda corriente.

---

[10] Attman, *American Bullion...*, pp. 36-37.

En el norte de Europa otras monedas de plata desempeñaron un papel no menos significativo que el de los reales: ellas fueron principalmente los rix dollars y los leeuwendaalder, acuñados en Holanda por primera vez en 1575. Pero en Europa meridional el predominio de los reales fue absoluto.

Paradójicamente, cuantos más reales de a ocho afluían al mercado, tanto más esta moneda era apreciada y buscada. El hecho es que la plata servía a los europeos para adquirir mercaderías en mercados extraeuropeos, donde no existía ningún interés por los productos de Europa. Quien tenía reales de a 8 poseía un poder adquisitivo que le servía en todo el mundo. Quien, a la inversa, estaba privado de reales era automáticamente arrojado fuera de los mercados. Lo dicho vale obviamente también para las otras monedas de plata que prevalecieron en aquel siglo, los ya mencionados rix-dollars y los leeuwendaalders holandeses. Todas estas monedas, y los reales de manera particular, abrieron a las naciones europeas la oportunidad de expandir notablemente su comercio con Oriente. Significativo a ese propósito es el texto de una sesión llevada a cabo el 23 de enero de 1610 en Venecia, en la cual el Senado relató lo que sigue:

> son muy conocidos por este Consejo las muchas e importantes causas que han deteriorado el negocio de esta plaza en las regiones del Levante, el cual, muy floreciente que era en otros tiempos, se ha ido aniquilando con disminución de las facultades de los partidarios y perjuicio de nuestra Señoría en sus haberes; pero por principalísima causa debe considerarse la gran y notable desventaja que tienen nuestros mercaderes frente a los de las otras naciones, quienes llevando sus capitales en reales de España como moneda conocida y aceptada por todas aquellas naciones orientales, contratan y llevan las mercancías con esos reales con mucha facilidad y presteza, y con ventaja de 12 % o más frente a los nuestros, quienes no pudiendo hacerles compe-

tencia se quedan con sus capitales ociosos. Esto demuestra claramente cuán necesario es a los nuestros acompañar la mercancía con el efectivo.[11]

En Génova, en 1589, se prohibió "cualquier cantidad de moneda extranjera" para la circulación, pero se hicieron excepciones para "los reales buenos y de peso justo".[12]

Para exportar plata desde España era necesario obtener una licencia especial de la Corona. Particularmente privilegiados eran los genoveses, que obtenían licencias de exportación más fácilmente y en forma más frecuente que cualquier otro operador. Su posición de privilegio no derivaba de una particular benevolencia de los soberanos españoles, que por el contrario, y comenzando por Felipe II, odiaban a los genoveses a muerte porque se sentían usados por ellos. Pero el poderío financiero de los genoveses obligaba a los reyes españoles a hacer lo que aquéllos requerían. Y los genoveses, dada la facilidad con la que obtenían las licencias de exportación, se convirtieron en los distribuidores de la plata española por buena parte de la Europa meridional. Un relato florentino de 1573 refería que "A Génova llegan casi todos o la mayor parte de los denarios [reales] que vienen a Italia". Desde fines del siglo XV el contrabando de plata se hizo más frecuente y más difundido, lo que disminuyó notablemente la importancia de las licencias de exportación, pero no hizo mella en el poderío de los genoveses como distribuidores de la plata española.

La plata iberoamericana se movía como "pasta" –esto es, en forma de lingotes que parecían panes– o en forma de moneda, sobre todo reales de a 8.

---

[11] Archivo del Estado de Venecia, Senado, Ceca, registro 3, 1608-1626, c. 30 r.
[12] Biblioteca Universitaria de Génova, B III 21.

Respecto de las pastas, los reales tenían la ventaja de no pagar impuestos durante la travesía. Aquéllas, por el contrario, ofrecían ventajas en las operaciones de refinado y acuñación. Lo dice claramente una memoria florentina de 1600: "El real se encuentra más que las pastas en todo lugar y, sin embargo, se paga mejor a causa de que las pastas no se pueden mandar por doquier porque generan al partir impuestos en cada lugar que tocan. Pero para quien puede fundirlo en monedas, las pastas son mejores que los reales debido a la ganancia que se obtiene al agregar la liga".

Las monedas normalmente salían de España en cajones que contenían piezas por un monto de 20.000 reales.

Los reales de a 8 exportados por España no estaban destinados a permanecer por mucho tiempo en los países europeos. Poderosas fuerzas los atraían hacia Oriente: J. Ph. Kilbenger escribió hacia mediados del siglo XVI que los reales de a 8 y los reichsthalers aumentaban de valor a medida que se alejaban hacia allí.

Para comprender esta tendencia de los reales a moverse hacia Oriente es preciso considerar que los europeos, ávidos de productos orientales, no tenían nada que ofrecer a cambio, porque ni la India ni la China tenían interés en productos europeos. Los intentos por mejorar la situación fueron numerosos. En Inglaterra el gobierno ordenó que al menos una décima parte del cargamento de cada nave con rumbo a la India estuviese compuesta de "mercancías, productos o manufacturas del reino". La Compañía Inglesa de las Indias Orientales hizo de todo "por insertarse en el comercio de Nankin" y de otras ciudades de la China septentrional, con la esperanza de que el rigor del clima nórdico pudiera favorecer "un despacho considerable de manufacturas inglesas de lana". Sin embargo, estos y otros similares intentos fracasaron absolutamente. Los mercaderes europeos evaluaron incluso la posibilidad de exportar cuadros y *objets d'art*, pero el arte occidental estaba fuertemente ligado a los temas religiosos y, como escribe Richard Cook de Japón, los pueblos asiáticos no tenían ningún interés por las escenas bíblicas. "Ellos tienen en mayor estima una hoja de carta con el dibujo de un caballo, una embarcación y un pájaro que una de nuestras preciosas pinturas. Nadie dará seis denarios por un bello cuadro de la conversión de San Pablo". Después de haber intentado sin éxito vender cuadros tradicionales, la Compañía Holandesa de las Indias buscó vender estampas que tuviesen "un llamado humano más general, como una colección de desnudos u otras ilustraciones poco decentes", pero tampoco estos esfuerzos de imaginación llegaron a obtener resultados apreciables. Si los europeos querían comerciar con la India y con la China no tenían otra alternativa que ofrecer plata a estos dos países y, ante todo, reales de a ocho. El déficit de la balanza comercial de Europa respecto de Asia se podía, por así decir, tocar con la mano. Como apuntaba van Linschoten a propósito de los veleros que zarpaban hacia la India, "no tienen más que una carga liviana, compuesta únicamente por algunos barriles de vino y de aceite y por pequeñas cantidades de mercadería: fuera del lastre y de los víveres para la tripulación no transportan más nada, porque lo que sobre todo se despacha a las Indias son los reales de a ocho". En 1701 el Consejo de la Compañía Inglesa de las Indias Orientales escribía a las oficinas de la Compañía en Londres: "No sabemos qué aconsejarle a Vuestra Excelencia enviar a estos lugares, porque los indígenas no aprecian otra cosa que no sea la plata y el plomo, y probablemente, si todo el resto de vuestras mercaderías fuese arrojado al mar, el cargamento de retorno no sería muy inferior...".

La exportación de plata a Oriente, así como el comercio con Oriente en general, fueron facilitados y en gran medida ampliados gracias a la creación de las dos compañías; la Compañía Inglesa de las Indias Orientales, autorizada en diciembre de 1600 por la reina Elizabeth con el nombre de

"The Governor and Merchants of London Trading into the East Indies", y la Compañía Holandesa, nacida en 1602 con el nombre de "Vereenigde Oest-Indische Companie". Estas dos compañías fueron los colosos de la economía de aquel tiempo, movilizaron riquezas que ninguna otra había manejado antes, introdujeron nuevas técnicas de negocios. *Last but not least*, las dos compañías obtuvieron de sus respectivos gobiernos notables privilegios, entre los cuales se contaba el monopolio del comercio con las Indias Orientales y el permiso de exportar desde sus respectivos países toda la plata que quisieran. Se calcula que entre 1659 y 1700 la Compañía inglesa exportó reales de a 8 por un valor no inferior a 3.745.898 libras esterlinas, mientras que la Compañía holandesa exportó entre 1602 y 1795 no menos de 5.700 quintales de plata, la mayor parte en reales de a ocho. Mientras tanto, con el estrechamiento y la intensificación de las relaciones entre los países del extremo Oriente y Europa, esta última llega a conocer productos orientales que antes no conocía. Un ejemplo clásico es el té, que es llevado a Inglaterra por primera vez en 1664 en un paquete de sólo 2 libras y 4 onzas de peso y que en 1720 llegó a suplantar decididamente a la seda como principal mercadería de importación de la Compañía. En consecuencia, el saldo positivo de la balanza comercial china continuó creciendo.

El imperio mogol en la India y la China tendrían diferentes acuerdos, ya que vigilaban las relaciones comerciales y monetarias con Europa. Pero también notables diferencias. Los emperadores mogoles tenían un alto sentido de la soberanía monetaria y no permitieron que monedas foráneas circulasen libremente en sus Estados. Por eso todos los reales de a 8 que afluyeron a la India fueron inmediatamente fundidos y transformados en rupias. En China, por el contrario... Pero para hablar de China de manera adecuada es necesario abrir un nuevo capítulo.

IX

Los chinos nunca acuñaron monedas de oro o plata. A diferencia de los Estados de Europa, desde los tiempos de su fundación el imperio chino tenía un sistema monetario consistente sólo de monedas de bronce. Nada de monedas de oro ni de plata. Las monedas de bronce eran aptas para los pagos relacionados con pequeñas transacciones locales y con los pagos de los jornales, pero no lo eran para las transacciones de cierta importancia, para las compras al por mayor y para los intercambios internacionales. Para los pagos relativos a este otro orden de transacciones, necesariamente se recurría a la plata. Del mismo modo, la plata era requerida para el pago de los impuestos; por eso en China, país que, como ya se dijo, no tenía monedas acuñadas en metal precioso, la plata circulaba sin embargo abundantemente en forma de panes o de fragmentos de monedas. Cuando se trataba de hacer un pago en plata, los chinos cortaban con tijeras un lingote o una moneda como el real de a 8 en piezas de peso conveniente, de manera de representar el valor deseado. En otras palabras, la plata no era tratada como moneda sino como mercancía por peso. La paradoja era que el real de a 8 era la moneda preferida por los chinos, tanto que un documento llega a decir que los chinos eran "enamorados" de los reales de a 8, y es un hecho que insistían en ser pagados por los occidentales en piezas de a 8. Pero una vez obtenidos los tan anhelados reales no los hacían circular como moneda porque, repetimos, no había en la China tradición en cuanto se refiere a las monedas corrientes hechas de metal precioso. Lo que los chinos hacían con las enormes cantidades de reales que lograban reunir era fundirlos para hacer lingotes, o bien cortarlos con tijeras en piezas del tamaño conveniente a la suma que debían pagar. En la figura 8 está reproducido un real recortado, precisamente para llegar al valor de cambio.

El viajero Gemelli Careri despliega lúcidamente esta situación: "Aunque en China el oro sea de buena calidad y de poco valor, no por eso lo usan como moneda sino que lo dan por peso. Lo mismo sucede con la plata que se introduce desde las naciones extranjeras, particularmente desde América. El emperador de China llama al monarca de España el *rey de la plata*, porque no habiendo en sus estados, ésta es traída por los españoles en piezas de a 8 y aquí enseguida se reduce un cuarto de su calidad en láminas. Toda esta plata queda para siempre sepultada en los tesoros imperiales de Pekín y de las personas ricas del imperio porque a los chinos no les interesa ninguna cosa extranjera. Los pagos y los gastos se hacen tallando en pequeñas piezas la plata y pesándola con un balancín llamado *reng ciu*. Las monedas de cobre son llamadas *zien* o *chiappas*. Éstas, sin embargo, han sido usadas durante diez años en los que los chinos se protegieron de este modo de la pérdida que ocasionaba el tallado de una pequeña pieza de plata para comprar un fruto o algo de poco valor".

Los reales llegaron a China, primero directamente desde Acapulco, con un galeón que los transportaba a Manila, donde eran adquiridos por mercaderes chinos (véase la figura 9). Para dar una vaga idea de la importancia de esta línea de tráfico, baste decir que en 1602 las autoridades mexicanas informaban a Madrid que la expedición de plata de Acapulco a Manila sumaba cerca de cinco millones de reales de a 8 (unas 143 toneladas) al año.

Un segundo camino seguido por la plata para llegar a la China partía de Veracruz o de Panamá, alcanzaba Sevilla, desde donde la plata era transportada ilegalmente a Portugal y, desde allí, sobre navíos portugueses, bordeando el Cabo de Buena

Esperanza, alcanzaba Goa, lugar desde el cual se hacía proseguir el envío de reales hacia Macao y desde allí hasta la China. Parece que durante los siglos XVI y XVII los navíos portugueses transportaron a Macao entre 6 y 30 toneladas de plata al año.

Otro camino seguido por la plata destinada a China se iniciaba en Sevilla, desde donde el metal era transportado –legal o ilegalmente– a Londres, Amsterdam y Génova. De Amsterdam y Londres era llevado por mar hasta el Sudeste asiático, o bien por tierra a través de Turquía, Persia y la India. Alepo, Surat y Moja eran centros del pasaje de los reales hacia la India y China. Reflexionando sobre estos movimientos, el mercader portugués Gomes Solis podía escribir en su *Arbitrio sobre la plata*, publicado en Londres en 1621, que "la plata vaga a través de todo el mundo en sus peregrinaciones, hasta llegar a China, donde se queda como en su centro natural". Y el almirante don Honomo de Banuelos y Carrillo declaraba que "el emperador de la China podría construirse un palacio todo de plata, con las barras de plata que vienen importadas a este país desde Perú".

Los reales aparecieron en los Balcanes hacia 1530. Cerca de cuarenta años después los reencontramos en forma masiva en Constantinopla y en otros centros comerciales del imperio turco. Aunque fuesen en general piezas mal acuñadas y feas a la vista, los turcos, que de monedas no entendían mucho, las aceptaban con entusiasmo. Después de la pesada devaluación de 1585-1586 y durante todo el siglo XVII, la moneda turca se hizo cada vez más rara y fue sustituida por monedas extranjeras, sobre todo por reales de a 8 españoles, a tal punto que los funcionarios provinciales comenzaron a llevar sus cuentas en reales. Vincenzo Tonarini escribe en su volumen sobre comparaciones de los cambios, publicado en 1780, que "toda moneda forastera tiene curso en Turquía y se prefieren a las nacionales, que siempre escasean, estando su acuñación en manos de los judíos. Los táleros de Alemania se aprecian mucho, pero sobre todo se buscan las piezas de España: sevillanas, mexicanas y de Potosí".

Como escribe el profesor Sahillioglu, durante todo el siglo XVII y parte del XVIII el imperio otomano sirvió de tierra de tránsito para las monedas y la plata iberoamericanas que viajaban hacia Oriente. El hecho es que tantos reales ingresaban al imperio turco como salían de él, sobre todo hacia Persia o la India, dos países con los cuales el imperio turco mantenía una balanza comercial pesadamente negativa.[13]

A Persia afluían reales también desde Rusia. Los rusos adquirían de Persia sobre todo seda, satín, damascos, tafetán, algodón y tejidos de algodón, cuero marroquí, incienso, añil y otros colorantes. A cambio de estas mercancías, Rusia exportaba a Persia pieles, cuero ruso y vidrio moscovita. Pero las exportaciones rusas eran de valores notablemente inferiores a sus importaciones, y los rusos pagaban el saldo con la exportación de plata, sobre todo de plata en monedas, entre las cuales no faltaban los consabidos reales. Adam Olearius, que visitó Persia en los años 1637-1638, refiere que los europeos adquirían mercaderías persas en Isfahán y en otros centros en donde se preferían los reales españoles incluso más que a los reichsthalers.

Si exceptuamos los intercambios entre Acapulco y las Filipinas, el comercio internacional en los siglos XVI y XVII puede ser descrito sumariamente así: una masa de plata que en forma de monedas o de panes se movía desde México o desde Perú hacia España, desde donde se difundía luego a todos los países de Europa. Luego, gran parte de esta plata se movía hacia Oriente, para finalizar en la India o en China. En sentido opuesto, una masa de productos europeos se movía hacia las Américas. La plata iberoamericana, representada por el real de a 8, proveyó la liquidez necesaria para el funcionamiento de este sistema, cuyo volumen, justamente por falta de una adecuada liquidez, habría sido inconcebible en el Medioevo.

---

[13] Pamuk, S., "Money in the Ottoman Empire...", pp. 959-965.

X

En su libro *The Golden Age of Spain...* el profesor Domínguez Ortiz escribe:

> No fue aquel un verdadero imperio económico [español] y no podía ser de otro modo dado el estado de la tecnología y de los transportes. Pero en lugar de eso fue una suerte de imperio monetario castellano basado sobre una abundante cantidad de plata y de oro que el reino recibía de las indias y sobre la excelente calidad de sus acuñaciones, que eran apreciadas en todo el mundo. Este imperio monetario fue más vasto y duradero que el imperio político. Los doblones de oro y las piezas de a 8 de plata (llamadas también duros, pesos o piastras) eran aceptados en todo el mundo y tenidos en todas partes en gran estima como el dólar hoy o la libra esterlina ayer. En todos los rincones del Mediterráneo Oriental la moneda española circulaba al flanco de la austríaca o de la turca. Retrasos en la llegada de las flotas a Sevilla eran advertidos aun en aquellas regiones remotas y una dificultad en Castilla tenía repercusiones a miles de millas de distancia. Asia era siempre la esponja que absorbía los metales preciosos de Occidente; ahora, sin embargo, no eran los denarios romanos sino la plata de Potosí la que se arrojaba sobre Turquía, Persia y Sumatra, para finalizar su gran odisea en China, donde el rey de España era conocido como el "Rey de la plata". Y, en este sentido, la plata iberoamericana contribuyó a crear una suerte de unidad económica en el mundo [pp. 302-303].

La ubicuidad del real de a 8 no puede, por cierto, negarse. Pero a mi parecer esto no basta para poder hablar de imperio monetario. El hecho es que, una vez vertidas las miles y miles de toneladas de reales sobre varias partes de Europa, España perdía cualquier control sobre esta masa monetaria. No fue España quien manejó la distribución y las corrientes de reales: Génova y Portugal lo hicieron primero, y las Compañías de las Indias holandesa e inglesa después.

Es incorrecta también la afirmación del profesor Domínguez Ortiz de que "la excelente calidad de las acuñaciones (españolas) hizo apreciar su moneda en todas partes del mundo". Aquí, en efecto, vamos al encuentro de un misterio que aún resta develar.

Las monedas que se desempeñaron como monedas internacionales, aceptadas en todas partes y por doquier requeridas, fueron el florín de Florencia y el ducado veneciano en el Medioevo y la libra esterlina en el siglo XIX; y una de las cualidades que se reencuentran en todas estas monedas es la estabilidad de su valor. El florín de Florencia y el ducado veneciano, así como la libra esterlina del siglo XIX, tuvieron un valor perfectamente estable tanto en la liga como en el peso, durante siglos, y por esta razón eran aceptadas y buscadas por doquier. Quien aceptaba como pago una de estas monedas sabía exactamente qué recibía en términos de oro. Los reales de a ocho, al contrario, no eran monedas estables. Se ha visto antes (véase p. 47) que los parámetros teóricos del real de a ocho eran: peso 27-27,5 gramos, liga en denarios 11 y granos 4 (=930,555 milésimas) y cerca de 25,5 gramos de plata pura. Pero ya en 1574 ensayos efectuados en la ceca de Florencia verificaban que los reales corrientes de Sevilla eran una liga de denarios 11 y granos 3 (=927,08 milésimas) y los de Toledo, una liga de denarios 11 y granos 1 (=920,139 milésimas).[14] En septiembre del

---

[14] En el sistema monetario español de ese tiempo, la liga de las monedas estaba definida en denarios y granos, según la siguiente relación:

mismo año la ceca de Florencia restituía a cambistas florentinos diversas partidas de reales por ser éstos demasiado pobres de liga. En febrero de 1587 los síndicos de la ceca de Florencia denunciaban que "las ligas (de los reales) habían decaído bastante".[15] Un bando emitido en Génova el 14 de febrero de 1642 especificaba que "habiendo encontrado en las piezas de a 8 reales con grabados de México y Perú notables faltas en la calidad y la liga, de modo que muchas de ellas son bastante inferiores a lo que deberían ser [se ordena que] quede vedado y prohibido tener y contratar de cualquier modo [los reales] grabados en México y Perú". En la figura 10 se reproduce una copia del bando, en el cual se ven representados los reales vedados y los admitidos.

Pocos años después –en noviembre de 1648–, un nuevo bando prohibía nuevamente los reales de Perú, que, "además de ser de menor peso, tienen notables defectos en la calidad y la liga". Los relatos que nos han llegado de algunos ensayos hechos en la ceca nos permiten valorar la entidad del "defecto". Así, ensayos efectuados en la ceca de Génova en 1643 dieron los siguientes resultados:[16]

Piezas	Origen	Peso medio (gramos) (mill.)	Liga (gramos)	Pureza	Falta %
5 y 1/2	Perú	27	875	23,63	7,34
4 y 3/4	Perú	26,86	909,72	24,43	4,20
3 y 3/4	México	26,98	916,67	24,73	3,02

---

1 libra=12 onzas=288 denarios. El metal puro se calculaba en 12 denarios, por lo que una liga de 11 denarios y 4 granos equivalía a nuestras 930,555 milésimas.

[15] Cipolla, C., *La moneta a Firenze...*, p. 88, n. 7 y p. 107, n. 37.

[16] Archivo del Estado de Génova. Finanzas. Parte antigua, *Monetarum diversarum*, hilera 39.

Dos años después, en abril de 1645, otro bando genovés prohibía la circulación como moneda de la pieza de a 8 reales de España,[17] y tres años más tarde, en noviembre de 1648, otro bando genovés prohibía los reales de Perú, que, "además de ser de menor peso, tienen notables defectos en su calidad y liga".[18]

Siempre en 1648 el gobierno del Estado de Milán prohibía, con un edicto, "la introducción de los reales de a 8 de calidad inferior estampados en Perú y en Sevilla que sean introducidos por los genoveses". El mayor escándalo se produjo en la ceca de Potosí entre 1630 y 1650 aproximadamente. Con la complicidad del alcalde, don Francisco Nestares Rocha, y de otros funcionarios de la ceca, se acuñó en aquel período una enorme masa de reales de a 8 falsos: falsos en el sentido de que contenían una mínima parte (¿1/3?) de la plata que hubieran debido contener por ley. Cuando la autoridad finalmente se puso en movimiento, se tomaron medidas draconianas. El alcalde don Francisco Gómez fue condenado a muerte, y con él, el catador de la ceca, Felipe Ramírez de Avellano. Pero, mientras tanto, Perú había invadido el mundo de reales falsos.

En 1645, reales defectuosos eran identificados en Nantes, Rennes y Bayona, y el 12 de diciembre de 1646 la Cour des Monnoies declaraba que "de algún tiempo a esta parte se ve en los pagos cantidad de reales de España que se dicen fabricados en Perú y son particularmente defectuosos".[19] En 1651, una gran cantidad de reales de a 8 fue

---

[17] Ibídem, c. 78.
[18] Ibídem, c. 120.
[19] Domínguez Ortiz, A., "Falsificación de la moneda de plata peruana…", p. 147.

prohibida en Königsberg porque eran muy deficientes en su valor.[20]

El escándalo de las acuñaciones fraudulentas de la ceca de Potosí en los años 1630-1650 no tuvo parangón por la cantidad de las sumas implicadas, pero emisiones fraudulentas de reales –y, especialmente, de reales de a 8– no cesaron de repetirse en los rincones más insospechados del imperio español. Sevilla, por ejemplo, tenía una ceca muy estimada. Giovan Battista della Torre, cambista florentino, escribía en 1600 que la de Sevilla era "la reina de todas las cecas". Sin embargo, el 9 de julio de 1664 la ceca de Génova denunciaba a las autoridades monetarias que reales de a 8 acuñados en Sevilla y llegados a Génova desde Cádiz eran falsos, en el sentido de que contenían una cantidad de plata muy inferior a la que por ley habrían debido contener.[21]

Los reales de a 8 mostraban una variabilidad mucho mayor en el peso que en la liga, por lo que no eran contados como piezas monetarias sino como mercancía. Ésta era la costumbre. Aún en el siglo XVII, Gian Domenico Peri, en su tratado *Il negotiante,* escribe que en Génova "las piezas de a 8 reales de España de las que se requiere calidad y peso se contratan por peso como si fuesen plata en pasta no impresa y se venden según su liga".

Además de ser frecuentemente deficientes en su valor, las piezas de a 8 eran monedas feas y mal acuñadas, así como fácilmente cercenables (véanse las figuras 6 y 7). Es un misterio cómo una moneda tan fea, mal elaborada y fácilmente cercenable, así como poco confiable, ha sido buscada y aceptada en todas partes del globo. La única hipótesis posi-

---

[20] Attman, *American Bullion...*, p. 89.
[21] Archivo del Estado de Génova. Ceca Antigua, Monetarum diversarum, hilera 43, 9 de julio de 1664.

ble es que la fuerza de los reales de a 8 haya estado esencialmente en su enorme cantidad.

Fue su cantidad y difusión en todas partes del mundo lo que permitió el extraordinario desarrollo del comercio internacional durante los siglos XVI y XVII. El mantenimiento de los niveles alcanzados por el comercio internacional dependía del mantenimiento de la liquidez representada por la masa de reales inyectada entonces en el mercado. Si los reales hubiesen sido vedados y su masa, en consecuencia, disminuida, el comercio internacional habría sufrido una caída espantosa. Esto explica la alternancia de bandos aparentemente contradictorios, con los cuales primero se vedaban todos los reales para evitar que la deteriorada moneda española expulsara del mercado la buena moneda nacional, y después se retornaba sobre los propios pasos readmitiendo los reales, o al menos ciertos tipos de reales, para evitar un colapso de la actividad comercial, especialmente con los países orientales, acomodando los cambios de los reales a la moneda nacional para protegerla.

CONCLUSIONES

Se ha dicho antes que los directores de la Compañía inglesa no dormían las noches preocupados como estaban por el grave déficit de la balanza comercial de su país con China.

Y cuanto más crecía la balanza, más crecía obviamente la preocupación de los directores, quienes finalmente, hacia la mitad del siglo XVIII, encontraron –con el opio– la solución al antiguo problema. Los primeros en introducir esta droga en la China fueron los portugueses, que no tenían mercado en Macao. Pero se trataba de muy poca cosa. Por el contrario, el coronel Watson pensó en grande y, para saldar el déficit, sugirió a la Compañía hacer uso extensivo del opio que Inglaterra podía traer de la India. El plan del diabólico coronel funcionó de maravillas (Phipps, J., *A Practical Treatise...*). Desde la mitad del siglo XVIII, las exportaciones de opio de Bengala con destino a China fueron todavía poca cosa, pero a partir de 1776 la cantidad de opio exportada por los ingleses a China creció de golpe y continuó creciendo rápidamente en los años sucesivos. Especialmente en los años 1830-1840, el comercio del opio de la India creció en excepcional medida, siendo que en aquellos mismos años, atraídos por las grandes ganancias que el ilícito comercio ofrecía, se inmiscuyeron en él también los norteamericanos, que en una mano llevaban la Biblia y en la otra la droga... Las consecuencias económicas de estos hechos son fáciles de imaginar. El tradicional superávit de la balanza comercial china comenzó a disminuir hasta convertirse en un pavoroso déficit. En 1817, el censor Chang

Huan fue el primero en poner en evidencia la estrecha conexión entre las importaciones de opio y el deterioro de la balanza comercial china. Huang Chueh-tsú, director de la corte de ceremonial de Estado, estimaba que la población china había gastado por año en el consumo de opio:

más de 17 millones de taels entre 1823 y 1831;
más de 20 millones de taels entre 1831 y 1834;
más de 30 millones de taels entre 1834 y 1838 (1 tael = 11/3 onzas).

La plata salía masivamente de China y retornaba a Occidente. Un funcionario chino escribía por aquellos años, en su memorial, que: "El Imperio Celeste permite la venta de té y de ruibarbo que sirven para mantener con vida a los pueblos de aquellas naciones, que son tan numerosos como contar 10.000 veces 10.000, y sin embargo estos extranjeros no demuestran ninguna gratitud, sino que, a la inversa, contrabandean el opio que envenena al país; cuando el corazón reflexiona sobre esta conducta se muestra turbado y cuando la razón la considera la encuentra irracional".

El gobierno chino, doblemente preocupado por las consecuencias de tales acontecimientos, ya fuesen sobre las condiciones sanitarias de la población o sobre la disponibilidad de plata, intentó remediar la situación, pero su debilidad frente a la potencia inglesa hizo vanos sus esfuerzos. Se llegó así, en el año 1839, a la famosa guerra del opio, en la que China fue derrotada y humillada, y a consecuencia de la cual las relaciones entre Oriente y Occidente quedaron deterioradas para siempre.

FIGURAS

FIGURA 1. Virreinato y *Audiencias* en los siglos XVI y XVII.

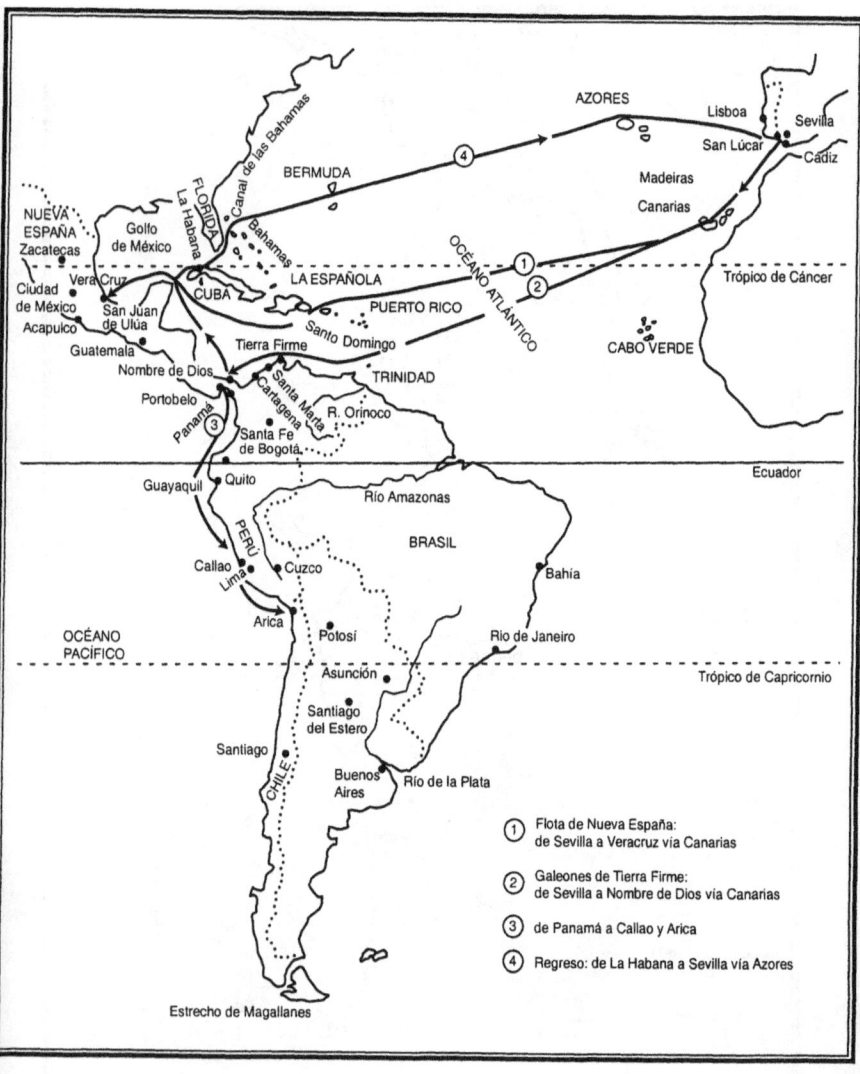

Figura 2.
Rutas seguidas por las naves españolas que transportaban plata.
Fuente: Elliot, *Spain an its World*.

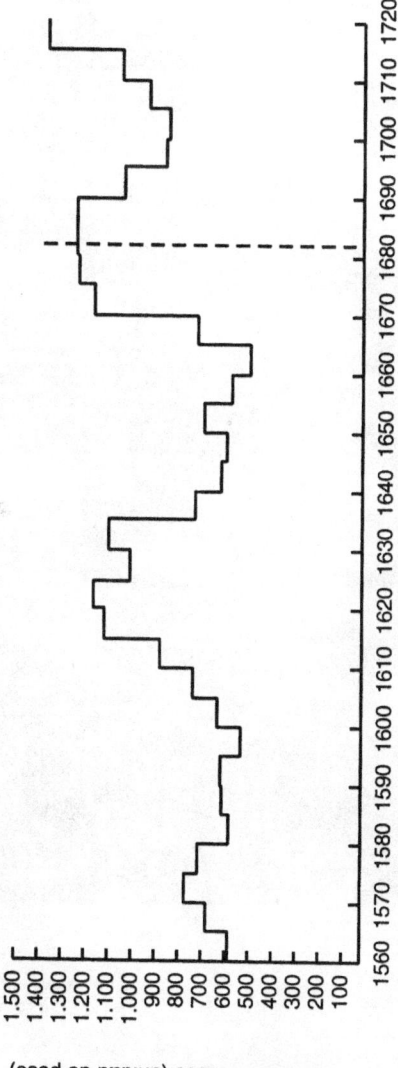

FIGURA 3. Producción declarada de plata en la zona de Zacatecas.
FUENTE: Bakewell, *Silver Mining an society in Colonial Mexico*.

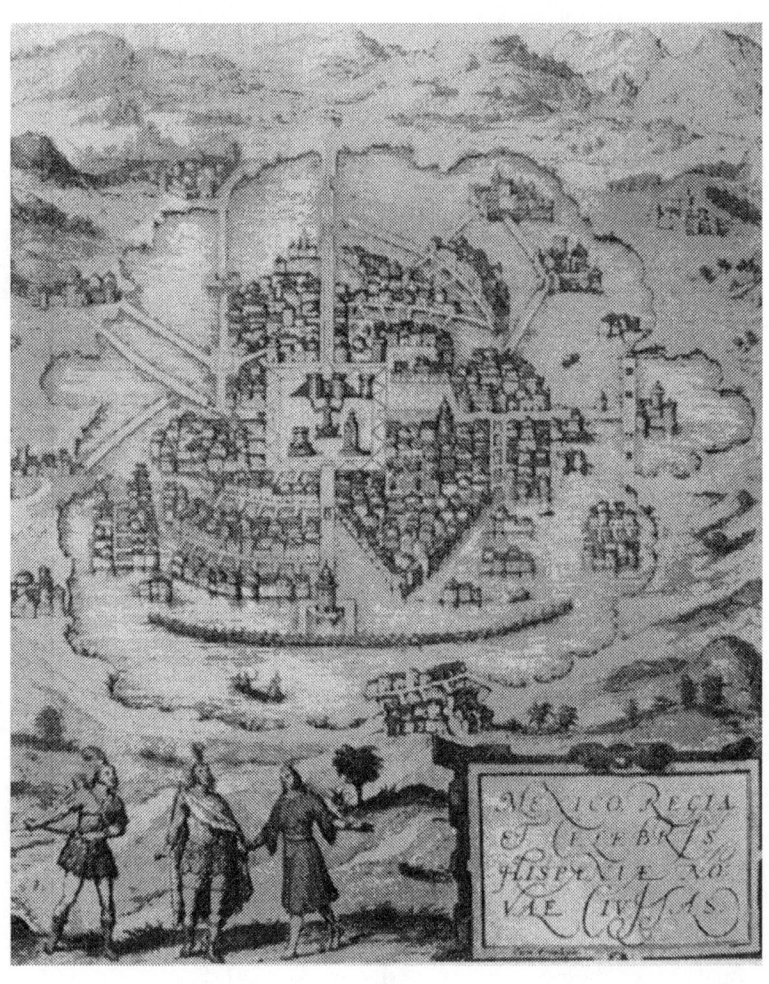

FIGURA 4.
Tenochtitlán, capital del imperio azteca, en un grabado del siglo XVI.

FIGURA 5.
a) Lira Tron de Venecia; b) testón milanés de Galeazzo Maria Sforza.

FIGURA 6.
*Reproducción de algunas piezas de reales de a ocho.
La pieza de la fotografía a) es excepcionalmente rara por la belleza del cuño y por el estado de conservación. Se grabó en Segovia, casi con certeza de modo mecánico, por medio del molino.
También la pieza b), acuñada en Perú, representa una excepción por la nitidez del cuño. La mayor parte de los reales de a ocho eran de cuño decididamente deteriorado, como se ve en las piezas c) y d), acuñadas en la ciudad de México, y en la pieza e), acuñada en Perú.*

c

d

e

FIGURA 7. Real de a ocho acuñado en Sevilla en el 1600.

FIGURA 8. Real de a ocho cercenado.

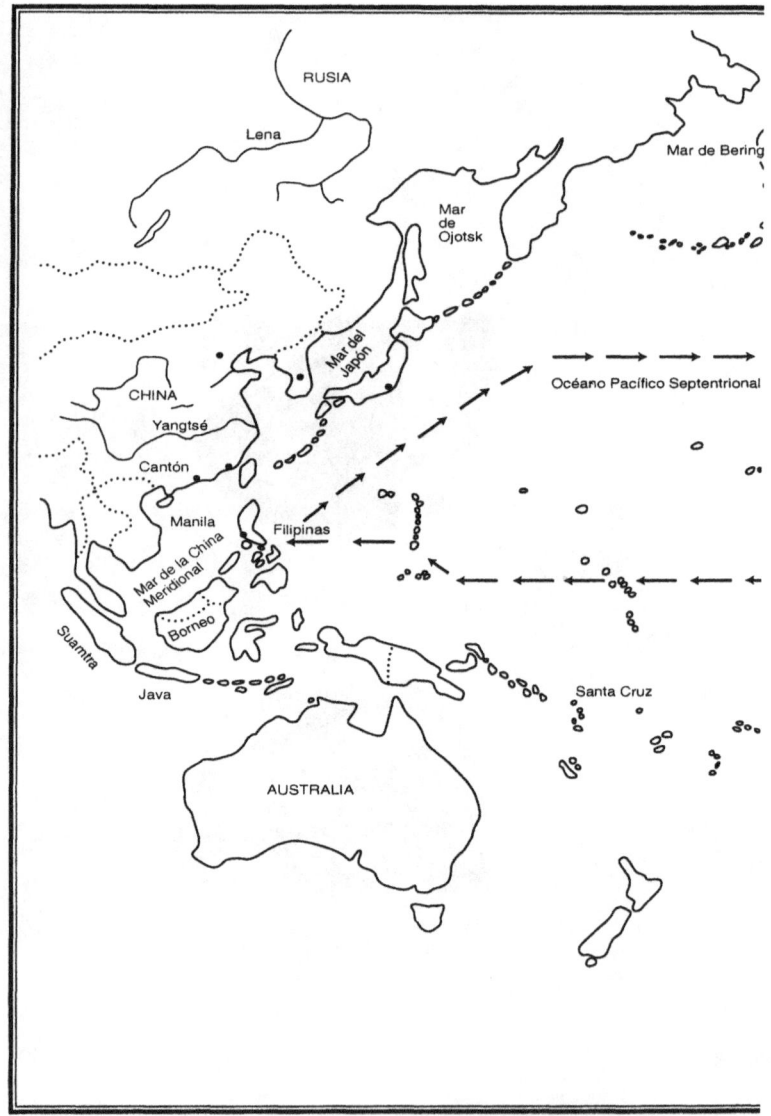

FIGURA 9. Ruta de ida y vuelta Acapulco-Manila.

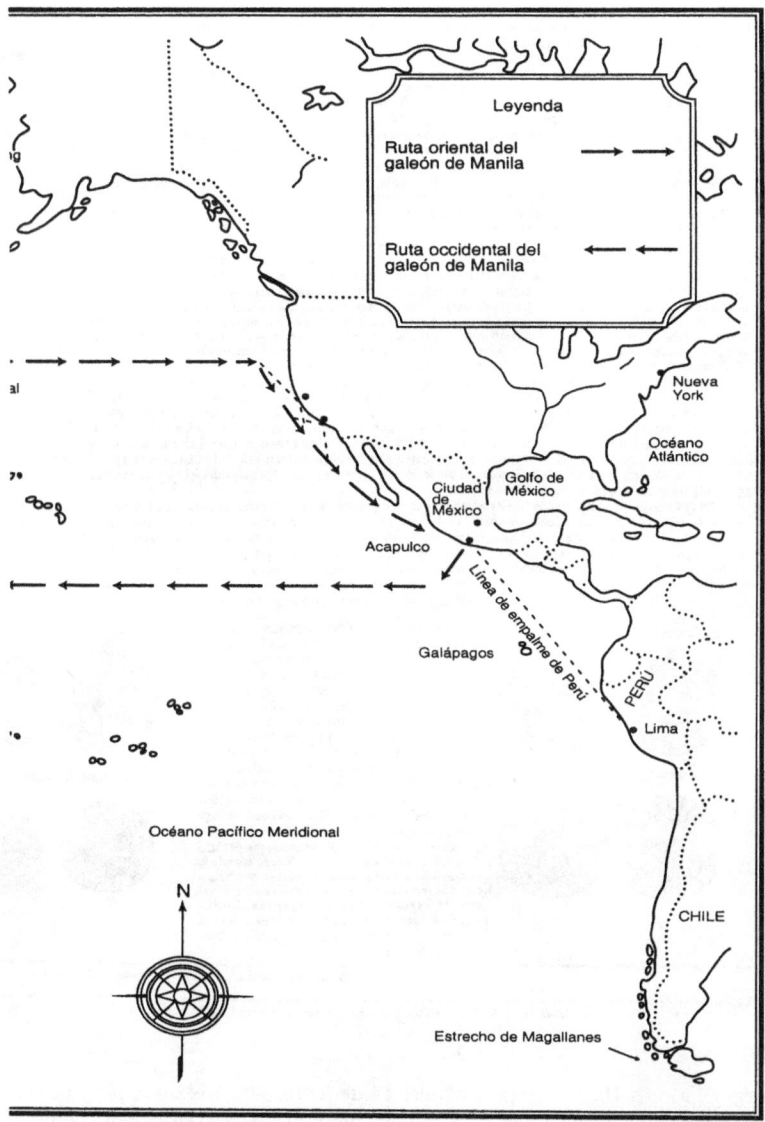

FUENTE: *The Manila Galeon*.

GRIDA DE I PEZZI DA OTTO REALI
DEL MESSICO, E PERV PROHIBITI.

Nuigilando il M. Illust. Magistrato delle Monete della Serenissima Republica di Genoua nell'osseruanza delli ordini, & hauendo trouato nelli pezzi da otto reali delle stampe del Messico, e Perù, notabile mancamento nella bontà, e liga, in modo, che molti di essi sono assai inferiori da quello douerriano essere con molta variatione di liga frà di loro; e conoscendo essere di molto pregiudicio al publico, e priuato, il lasciar introdurre, e spendere dette monete. Participato il negotio ne i Serenissimi Collegi, buono ordinato, che si facci la presente publica Grida, con le prohibitioni, pene, & altro, che si dirà in appresso.

Che restino banditi, e prohibiti, come in vigor di questa si bandisce, e prohibisce il tenersi, e contrattarsi in qualsiuoglia modo di dette due sorti di pezzi da otto, da quattro, e da due reali, delle stampe del Messico, e Perù. Commandando ad ogni persona di che stato, grado, e conditione si sia, compresi anche i Tesorieri, e Casserii publici, che non ardiscano da qui inantri tenere, trattare, maneggiare, ò contrattare, pagare, riceuere, ò disponere in qualsiuoglia maniera, ne sotto alcun pretesto, per se, ne per interposta persona, di dette due sorti di reali, sotto pena, rispetto alle contrauentioni, che eccederanno la somma di pezzi cento, della confiscatione in tutto, ò in parte dei pezzi in quali hauessero contrauenuto, e di lire 100. fin in lire 1500. per ogni contrauentione, il tutto in arbitrio di detto M. Illustre Magistrato. E per le contrauentioni minori di pezzi cento, però maggiori di pezzi venticinque sotto pena della confiscatione in tutto, ò in parte, e di lire 25. in lire 100. in arbitrio come sopra. E per le somme minori di pezzi venticinque in pena pecuniaria arbitraria à detto M. Illustre Magistrato.

E perche già sono introdotti di detti pezzi di reali delle dette stampe del Messico, e Perù, per la Città, e Dominio, si concede termine di giorni venti prossimi da seguire dalla publicatione di questa, à portarli in Zecca, doue le sarà data la giusta valuta; ò à mandarli fuori del Dominio, ò farli tagliare in modo, che più non si possino spendere.

Ma perche possono esser mandati tal volta di fuori del Dominio, di dette due qualità di pezzi senza saputa di chi li riceue nella presente Città: si ordina, che ogn'vno à quale in l'auenire occorresse riceuere reali delle sudette due stampe, nò possa di essi disponere; mà subito dopò riceuuti, al meno frà il termine di 8. giorni dopò la riceuuta di essi debba manifestarli in Camera del Magistrato delle monete, e se saranno riceuuti di detti reali in altri luoghi del Dominio, si debba osseruare l'istesso, e denontiarli à Giusdicenti nelli atti de loro Attuarij frà l'istesso termine rispettiuamente, da quali luoghi venendo alla Città, debbano portar copia di dette denontie, & in ogn'vno de i casi sudetti gionti in Genoua detti reali debbano frà detto termine portarli in Zecca per osseruar l'ordine di detto Magistrato, da qual Magistrato (se così vorranno detti denontianti, quando non vogliano rimandarli fuori) le sarà prontamente fatto pagare il giusto valore di detti pezzi, ò prouisto in la maniera, che detto Magistrato parrà meglio per indennità di detti Mercanti, e delli ordini.

Et acciòche ogni persona con più facilità, che sia possibile, possa riconoscere le stampe delli pezzi del Perù, e Messico, che si bandiscono. Con la maggior diligenza si è potuto, si son fatti stampare l'impronti intieri delle stampe di detti pezzi. E perche si possa riconoscere la differenza, che è frà quelli, e li pezzi di stampe buone, che si permettono, si è fatto ancora stampare l'impronto di altri pezzi buoni delle stampe, che più ordinariamente vengono di Spagna, con notta della differenza più notabile. Auertendosi che tutti li pezzi delle qualità, e stampe notate, sono tutti di quelli mal stampati, e communemente si chiamano di stampa vecchia.

Perciò si esorta ogni persona, tutti li Arteggiani, e Bottegari a prender copia di detta grida, che li sarà venduta per prezzo ragioneuole, e tenerla nelle loro Botteghe, acciò che possino hauere più facilità in riconoscere detti pezzi prohibiti, perche non facendolo non sarà dal Magistrato admessa scusa alcuna di non hauerli conosciuti.

Auertendo anco che di detto M. Illustre Magistrato, che si procederà rigorosamente alle pene non solo contro quelli, che si trouerano in sutto trasgressori; mà ancora contro de quali detti transgressori li hauerano riceuuti, e ciò sopra quelle proue, ò verisimilitudini, & inditij, che al Magistrato parranno bastanti, conforme all'autorità, che le compete. Ordinando, che sia publicato la presente publica Grida ne i luoghi soliti, acciò per venga à notitia di tutti, e sappi ogn'vno come contrauenire alli ordini sudetti, che da detto M. Illustre Magistrato saranno fatti inuiolabilmente osseruare. Dat. in Zecca li 14. di Febraro 1642.

Nota delle differenze frà li pezzi buoni, e li prohibiti.

Stampa del Perù banditi

La differenza delli pezzi del Perù nella parte della Croce, si conosce alla forma delli due Castelli, che vi sono, essendo mal fatti, & in differente forma di quelli di tutte le altre stampe buone.

Dall'altra parte dell'arma si riconosce in questo la differenza, che in tutti li altri pezzi di stampe di Spagna, in mezzo all'arma vi sono due scudetti picciolli, vno di sopra con l'arma del Regno di Portogallo, & vno di sotto con vn'arma partita; in quale vi è vn Leone, & vn'Aquila; ma in detti pezzi del Perù, & in quelli del Messico non vi è solo il scudetto di sotto, e vi manca quello di sopra dell'arma di Portogallo.

Li pezzi del Messico facilmente si riconoscono da tutti li altri, non solo per non hauere dalla parte dell'arma il scudetto dell'arma di Portogallo, ma per la differenza nell'altra parte della Croce, essendo le quattro ponte di detta Croce, terminate con vna balla, che forma la detta Croce, quasi vna Giglio, nel modo che si vede nell'impronto, o poco da esso dissimile; Et in tutte le altre stampe la Croce è fatta di vna linea dritta, & vguale, che finisce nell'ornamento che vi è intorno.

Stampa di Spagna buoni

Stampa del Messico banditi

Stampa di Spagna buoni

Ne gl'Atti del Nob. Gio: Tomaso Basico Notaro, e Cancelliere.

IN GENOVA, Per Pier Giouanni Calenzani, vicino à S. Donato. M.DC.XLII.

FIGURA 10. Bando genovés del 14 de febrero de 1642 que prohíbe las piezas de a 8 españolas, mexicanas y peruanas. FUENTE: Archivo de Estado de Génova, Finanza, parte antigua, *Monetarum diversarum*, hoja 62.

FIGURA 11. Galeón español en un grabado de Bruegel (1663).

BIBLIOGRAFÍA

Sobre la conquista y la colonización española de las Indias occidentales existe una inmensa bibliografía. No es éste el lugar para reproducir la larguísima lista de obras que se puede obtener fácilmente interrogando a una computadora. Para los fines de este libro baste citar aquí, a continuación, algunas de las obras fundamentales a las que el lector podrá recurrir en caso de que deseara ulteriores informaciones: en tales obras encontrará otras numerosas citas, más que suficientes para satisfacer toda su curiosidad.

ARGELATI, F., *De monetis Italiae variorum illustrium virorum dissertationes*, Milán, 1750-1759.

ATTMAN, A., *The Russian and Polish Markets in International Trade*, Göteborg, 1973.

——, *Dutch Enterprise in the World Bullion Trade, 1550-1800*, Göteborg, 1983.

——, *American Bullion in the European World Trade, 1600-1800*, Göteborg, 1986.

ATWELL, W. "International Bullion Flows and the Chinese Economy 1530-1650", en: *Past & Present*, XCV, 1982.

BAKEWELL, P. J., "Silver mining and Society in Colonial Mexico: Zacatecas, 1546-1700", en: *Cambridge Latin American Studies*, XV, 1971.

BANCORA CANERO, C., "Las remesas de metales preciosos desde El Callao a España en la primera mitad del siglo XVII", en: *Revista de Indias*, 75 (XIX), Madrid, 1959.

BOXER, C. R., "Plata es Sangre: Sidelights on the Drain of Spanish-American Silver in the Far East 1550-1700", en: *Philippine Studies*, 18, 1970.

BRADING, D. A. y Cross, H. E., "Colonial Silver Mining: Mexico and Peru", en: *The Hispanic American Historical Review*, 4 (LII), 1972.

BRAUDEL, F., *El Mediterráneo*, Milán, 1987. [Trad. esp. México, Fondo de Cultura Económica.]

BURZIO H. F. *Diccionario de la moneda hispano-americana*, Santiago de Chile, 2 vols., 1956.

——, *La ceca de Lima, 1565-1824*, Madrid, Fábrica Nacional de Monedas y Timbres, 1958.

——, *El "peso de plata" hispanoamericano*, Buenos Aires, 1958.

—— y E. Ravignani, *La ceca de la villa imperial de Potosí y la moneda colonial*, Publicaciones del Instituto de Investigaciones históricas de la Universidad Nacional de Buenos Aires, vol. 88, VII, Buenos Aires, 297, 1945.

CAPOCHE, L., *Relación general de la villa imperial de Potosí*, Madrid, Atlas, 1969.

CHALLIS, C. E., (coord.), *A New History of the Royal Mint*, Cambridge, 1992.

CHANG, H. P., *Commissioner Lin and the Opium War*, Nueva York, 1964.

CHAUDHURI, K. N., *The English East India Company. The Study of an Early Joint-Stock Company, 1600-1640*, Londres, 1965.

——, *Trade and Civilization in the Indian Ocean*, Cambridge, 1965.

CHAUNU, P. y H., *Séville et l'Atlantique de 1601 à 1650*, París, 1987.

CIPOLLA, C., *La moneta a Firenze nel Cinquecento*, Boloña, 1987.

COBB, G. B., *Potosí and Huancavelica: Economic Bases of Peru, 1545 to 1640*, Ph. D. Dissertation in History, University of California at Berkeley, Berkeley (California), 1947. [Trad. esp., *Potosí y Huancavelica, bases económicas del Perú, 1545-1640*, La Paz, Academia Boliviana de la Historia, 1977.]

DASÍ, T., *Estudio de los reales de a ocho*, Valencia, 1950-1951.

DOMÍNGUEZ ORTIZ, A., "Falsificación de la moneda de plata peruana en el siglo XVII", en: *Homenaje a don Ramón Carande*, Madrid, Sociedad de Estudios y Publicaciones, 1963.

——, "Las remesas de metales preciosos de Indias en 1621-65", en: *Anuario de Historia Económica y Social*, 2, 1969.

——, *The Golden Age of Spain, 1515-1659*, Nueva York, 1971.

EDKINS, J., *Chinese Currency*, Shanghai, 1901.

ELLIOTT, J. H., *Imperial Spain, 1469-1716*, Nueva York, 1963.

——, *Spain and its World 1500-1700*, New Haven, 1989.

GAASTRA, F. S., *De vereenigde Oest-Indische Companie en de seventiende en achtiende ecun*, Bijdragen en Mededalingen betreffende de Geschiedenis der Nederlanden, 91, 1976.

GARCÍA-BAQUERO GONZÁLES, A., *Cádiz y el Atlántico (1717-1778)*, Sevilla, CSIC, 1976.

——, *La Carrera de las Indias: suma de la contratación y océano de negocios*, Sevilla, Sociedad Estatal para la Exposición Universal, 1992.

GARCÍA RUIZ, A., "La moneda y otros medios de cambio en la Zacatecas colonial", en: *Historia Mexicana*, IV, México, 1954.

GIL FARRÉS, O., *Historia de la moneda española*, Madrid, Diana, 1959.

GLAMANN, K., *Dutch-Asiatic Trade, 1620-1740*, La Haya, 1958.

GEMELLI CARERI, G. F., *Giro del mondo*, Nápoles, 1700.

GUERRERO, A., *Catálogo general de las monedas de México de 1536-1978*, México, 1978.

HAMILTON, E. J., *American Treasure and the Price Revolution in Spain, 1501-1650*. [Trad. española, *El tesoro americano y la revolución de los precios en España, 1501-1650*, Barcelona, Ariel, 1975.]

HARING, C. H., "American Gold and Silver Production in the First Half of the Sixteenth Century", en: *The Quarterly Journal of Economics*, XXIX, 1915.

HERRERA, A., *El Duro. Estudio de los reales de a ocho españoles*, Madrid, Jano, 1992.

HODIVALA, S. H., *Historical Studies in Mughal Numismatics. Occasional Memoirs of the Numismatic Society of India*, vol. II, Calcuta, 1923.

INALCIK, H. y Quataert, D. (coords.), *An Economic and Social History of the Ottoman Empire 1300-1914*, Cambridge, 1994.

KANN, E., *The Currencies of China: An Investigation of Silver and Gold Transactions Affecting China*, Shanghai, 1927.

LEVENE, R., "La moneda colonial del Plata", en: *Anales de la Facultad de Derecho y Ciencias Sociales*, s. 3, vol. I, Buenos Aires, 1916.

LÓPEZ ROSADO, D. G., "Historia del peso mexicano". *Archivo del Fondo*, vol. 29, México, Fondo de Cultura Económica, 1975.

LYTLE SCHURZ, W., *The Manila Galleon*, Nueva York, 1939. [Trad. esp., *El galeón de Manila*, Madrid, Ediciones de Cultura Hispánica, 1992.]

MATEU Y LLOPIS, F., *La moneda española*, Barcelona, 1946.

MOESER, K. y Dworschak, F., *Die grosse Münzreform unter Erzherzog Sigmund von Tirol: Die ersten grossen Silber- und deutschen Bildnismünzen aus der Münzstätte Hall im Inntal. Oesterreichisches Münz- und Geldwesen im Mittelalter*, Viena, 1936.

MOREYRA-PAZ SOLDÁN, M., *La moneda colonial en el Perú: Capítulos de su historia*, Lima, Banco Central de Reserva de Perú, 1980.

MORINEAU, M., *Incroyables gazettes et fabuleaux métaux: le retour des trésors américains d'après les gazettes hollandaises, XVI-XVIII siècle*, París, 1984.

PADRON, F. M., "The Commercial World of Seville in Early Modern Times", en: *The Journal of European Economic History*, 2, 1973.

PAMUK, S., "Money in the Ottoman Empire, 1326-1914", en: Inalcik, H. y Quaertert, D. (coords.), ob. cit.

PERI, G. D., *Il Negotiante*, Génova, 1638.

PHIPPS, J., *A Practical Tratise on the China and Eastern Trade*, Londres, 1836.

RICHARDS, J. F. (coord.), *Precious Metals in the Later Medieval and Early Modern Worlds*, Durham, 1983.

SAHILLIOGLU, H., "The Role of International Monetary and Metal Movements in Ottoman Monetary History", en: Richards, J. F., ob. cit.

SERRANO MANGAS, F., *Armadas y Flotas de la Plata (1620-1648)*, Madrid, Banco de España, 1990.

——, *Naufragios y rescates en el tráfico indiano durante el siglo XVII*, Madrid, Siruela, 1991.

SPERLING, J., "The International Payments Mechanism in the Seventeenth and Eighteenth Centuries", en: *Economic History Review*, 14, 1962.

SPOONER, F. C., *The International Economy and Monetary Movements in France, 1493-1725*, Cambridge, 1972.

SZASZDI, A., "Spain And American Treasure: The Depreciation of Silver and Monetary Exchange in Viceroyalty of Lima, 1550-1610", en: *The Journal of European Economic History*, 4, 1975.

VILAR, P., *Oro e moneta nella storia. 1450-1920*, Bari, 1971.

WEBER, H., *La Compagnie Française des Indes (1604-1875)*, París, 1904.

WITTICH, E., "Die Geschichte der Münze in Mexico 1535-1935", en: *Ibero-Amerikanisches Archiv*, 10, 1936.

ÍNDICE

Prólogo	7
I	9
II	19
III	23
IV	27
V	33
VI	39
VII	49
VIII	57
IX	63
X	67
Conclusión	73
Figuras	75
Bibliografía	91

El libro *Conquistadores, piratas, mercaderes,*
de Carlo M. Cipolla,
fue compuesto en caracteres Sabon en cuerpos 11:13
y corresponde a la primera edición en español
que consta de una tirada de 1.000 ejemplares.
Este ejemplar se terminó de imprimir
y encuadernar a partir del mes de marzo de 1999
bajo la norma Acervo en
Fondo de Cultura Económica de Argentina S. A.,
El Salvador 5665, Buenos Aires, Argentina.

www.ingramcontent.com/pod-product-compliance
Lightning Source LLC
Chambersburg PA
CBHW020013050426
42450CB00005B/455